Tesouros

1ª Edição

UBERLÂNDIA| MG

2020

Teresa Cristina Santos

Tesouros. Teresa Cristina Santos, 2020.

Edição e revisão: AMQ Editora.
andreamonferrari@gmail.com
CNPJ 26298066/0001-01
Diagramação: AMQ Editora
Capa: Caroline Calaça
Coordenação: Nilce Sousa

Teresa Cristina Q. Santos é cirurgiã dentista; especialista em orofacial e odontologia hospitalar. Pastora do Ministério IBVN de Uberlândia-MG, casada há 40 anos com Vanderley da Silva Santos, que também é Pastor e cirurgião dentista. Mãe de dois filhos; Caroline Calaça, profissional na área de coaching e Ranieri Calaça, médico especialista do aparelho digestivo.

Contatos da Autora:
E-mail: teresa.cristina.santos@hotmail.com
Facebook: @teresacristina.cristina.3194

S237t Santos, Teresa Cristina

    Tesouros = Treasures / Teresa Cristina Santos; edição e tradução Andréa Freire Monferrari Queiroz; capa, diagramação e projeto gráfico: Marcus Vinícius Pereira de Alcântara Goes; coordenação: Nilce Sousa. – 1. ed. – Caldas Novas-GO : CEVI, 2020.
    160 p. ; 21 cm

    ISBN: 978-85-5705-055-6

    1. Deus. 2. Reflexões. 3. Vida cristã. 4. Família – Aspectos cristãos. I. Título.

                                CDU: 248

Catalogação na publicação por: Onélia Silva Guimarães CRB-14/071

Produzido por Cevi Produções
ceviproducoes@gmail.com
Instragram: @editoracevi

Dedico esta obra, em primeiro lugar, a você, que se sentiu atraído por esta literatura cuja simples pretensão é alcançar, em seu coração, verdadeiros e eternos tesouros.

Dedico este livro a todos aqueles que, incansavelmente, buscam encontrar princípios e valores como seu maior tesouro na caminhada de suas vidas.

Àqueles que, em meio a grandes desafios e situações contraditórias, permanecem firmes sem lançar mão do arado e prosseguem rumo ao Autor e Consumador de sua fé.

"Porque, onde estiver o seu tesouro,
aí estará também o seu coração."
MATEUS 6:21

Sumário

Agradecimentos   11

Prefácio   13

Introdução   15

Capítulo 1 - Primeiro Tesouro: Deus   19

Capítulo 2 - Segundo Tesouro: Família   27

Capítulo 3 - Terceiro Tesouro: Amigos   37

Capítulo 4 - Quarto Tesouro: Identidade   41

Capítulo 5 - Quinto Tesouro: Saúde   43

Capítulo 6 - Sexto Tesouro: Liberdade   47

Capítulo 7 - Sétimo Tesouro: Sabedoria (Pérolas)   53

Onde encontrar o verdadeiro TESOURO?   55

Agradecimentos

Agradeço a minha família que tem me impulsionado e acreditado no meu potencial, no meu esforço e na minha ousadia de alçar altos voos como uma águia.

Agradeço ao meu lindo esposo, meu amor, pelos anos de cumplicidade, amor e motivação em minha fé cristã. Você é meu tesouro particular! Te amo muito.

Agradeço aos meus pais pelos ensinamentos, formação de caráter, carinho e modelo fundamental que seguimos como exemplo de família íntegra.

Agradeço aos meus filhos, Caroline Calaça e Ranieri Calaça, nossos preciosos tesouros, que me tornam cada dia mais motivada a ser uma pessoa melhor.

Agradeço aos meus filhos espirituais e irmãos em Cristo pela grande expressão de amor, dedicação e fidelidade; são pérolas na minha vida.

Agradeço aos mestres, conselheiros, irmãos e irmãs que na caminhada participam de forma tão especial contribuindo para o meu crescimento.

Ainda gostaria de agradecer ao nosso ministério na figura do nosso presidente Pr. Costa Júnior pela cobertura espiritual ao longo de tantos anos e o privilégio de fazermos parte de uma só família sanguínea e ministerial "Igreja Batista Vida Nova".

Agradeço, finalmente, a minha querida irmã, amiga, conselheira, parceira Nilce Sousa por acreditar e me auxiliar a realizar o sonho que Deus estava gerando em meu coração. Você é diamante na minha história!

Prefácio

A obra que você tem nas mãos pode ser um divisor de águas na sua vida, se praticar os princípios ensinados e se atentar para as coisas que realmente são importantes. De nada adianta conhecer o caminho certo e pegar a estrada errada ou atalhos duvidosos.

A autora, com muita sabedoria e simplicidade, nos mostra os verdadeiros tesouros e como devemos priorizar as coisas mais importantes. Deus, em Sua sabedoria, colocou dentro de cada um de nós tudo de que precisamos para uma vida feliz e abençoada. Infelizmente, quando a pessoa não valoriza o que realmente é importante, mesmo tendo alcançado sucesso na vida, no final se sentirá frustrada.

As distrações hoje em dia são tantas que a maioria das pessoas vivem uma correria desesperada, e nem se dão conta de que a felicidade está nas coisas simples da vida. Quando priorizamos as coisas importantes em sua ordem correta, as outras coisas se encaixam e nossa vida se harmoniza.

Conheço a pastora Cristina Santos e vejo o seu desejo de ajudar e abençoar aqueles que estão à sua volta, sempre pronta a servir e encontrar soluções para aqueles que cruzam o seu caminho e que muitas vezes ela nem conhece, demonstrando assim o verdadeiro tesouro que existe nela mesma e deve existir em cada um de nós.

Que Deus abençoe a cada um que ler esta obra.

Pr. Costa Junior

Introdução

Vivemos em um tempo acelerado. A internet, o smartfone, a correria do trabalho, da casa, das rotinas diárias, dos boletos e das responsabilidades tornam nossas vidas cada vez mais apressadas. Com as tecnologias, nos tornamos capazes de resolver vários problemas ao mesmo tempo e nos comunicarmos com várias pessoas em apenas um toque.

E somos envolvidos nesse estilo de vida de tal forma que precisamos fazer muitas coisas. Muita coisa se torna necessária e urgente.

A proposta do Espírito Santo para nós é parar. Sim, pare um tempo, sente-se, respire e medite um pouco.

"Tesouros" é um livro que deseja te conduzir a uma simples reflexão:

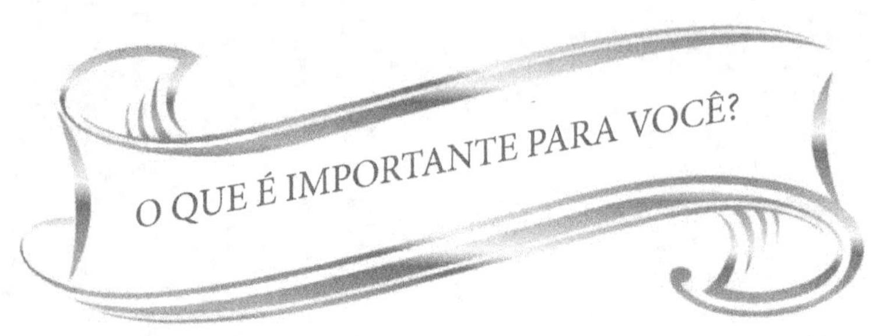

A Palavra de Deus diz que onde está o seu tesouro, aí estará o seu coração.

Portanto, faça a si mesmo a seguinte pergunta: O que é mais precioso para mim?

A resposta pode parecer fácil e rápida. Mas você precisa avaliar com cuidado. Pois o que você pensa ser precioso, talvez na prática, na realidade, no dia a dia, não receba a sua devida atenção e dedicação.

Muitos pais dizem que seus filhos são seu maior tesouro, mas acham que trabalhar para prover coisas é o mais importante, e quando podem ter tempo para rir e brincar, estão cansados demais.

Na perspectiva de Deus, o VALOR das coisas e das pessoas é muito diferente dos padrões do mundo no qual estamos inevitavelmente inseridos. Querendo ou não, a cultura, os modelos de comportamento e os raciocínios de como a vida "tem que ser" deste século nos influenciam diariamente.

Como diferenciar o que REALMENTE IMPORTA, daquilo que é aparente?

Certa vez, em suas viagens anunciando o Evangelho, Jesus resolveu hospedar-se na casa de uma mulher chamada Marta, na aldeia de Betânia. Muitas pessoas encheram aquela casa repentinamente para ouvi-Lo. Marta, com toda razão, muito preocupada em atender a todos, corria de um lado para o outro tentando suprir as necessidades e servir os convidados da melhor forma possível. Maria, sua irmã, preferiu apenas sentar-se para ouvir o Mestre. Irritada com a "quietude" de Maria diante de tanto serviço, Marta indagou Jesus: "O Senhor não se importa que eu faça todo esse trabalho sozinha? Diga a ela que venha me ajudar!"

A resposta de Jesus a Marta foi surpreendente: "Marta, Marta, você anda inquieta e se preocupa com muitas coisas, mas apenas uma só coisa é necessária"!

Uau! Que inesperado!

Este livro não tem a pretensão de discorrer por longas linhas sobre aspectos profundos da palavra de Deus ou de doutrinas, mas é um livro de reflexão. Assim como Jesus disse em poucas palavras: UMA SÓ COISA É NECESSÁRIA.

Que o Espírito Santo te guie em cada meditação a encontrar o seu tesouro!

Existe um vazio no homem do tamanho de Deus

Deus

Uma pessoa sem Deus é uma pessoa vazia, sem direção, um verdadeiro quebra-cabeças incompleto. E aquele que tem lacunas vive apenas para si mesmo e pelas coisas de seu interesse próprio. Alguém que é dirigido por Deus entende suas limitações, impotências, fragilidades e, principalmente, sua completa dependência do Alto.

Escolhe, por proteção, ser dependente; entende que essa dependência é o melhor para sua vida. A consciência desta impotência gera o reconhecimento da soberania divina. Quem realmente teme a Deus tem uma fragilidade maravilhosa; e atenta ao fato de que, em sua fraqueza, encontra força em Deus.

Fiódor Dostoievski disse que "existe um vazio no homem do tamanho de Deus". Dele viemos e para Ele deveremos retornar. Por isso, somos apenas preenchidos e estabelecidos em um propósito de vida quando temos Deus. Nada é capaz de nos completar verdadeiramente, somente Aquele que nos criou e planejou o nosso caminho.

Abaixo, gostaria de meditar com você em cada um dos mais importantes atributos de Deus. Percebemos que não somente as "bênçãos" são importantes; mas muito mais aquilo que Ele é. Existe dentro de cada ser humano um anseio por experimentar o amor, a vida, o perdão, a misericórdia e o poder de Deus.

A) Amor:

"Tudo sofre, tudo crê, tudo espera, tudo suporta. O amor nunca falha" (ACF), 1 Coríntios 13:7-8.

"Deus é amor; e aquele que permanece no amor permanece em Deus, e Deus permanece nele", 1 João 4:16.

Existem diferentes formas de amor, mas o amor que vem de Deus, definido na Bíblia por "ágape" é a própria essência de Deus. Deus é amor e nesse amor nasceu a Terra, tudo que Ele criou e cada um de nós. A forma de Deus nos amar é plena e ao mesmo tempo responsável, porque Ele nos criou, nos formou conforme Sua imagem e semelhança. Estabeleceu Seus planos e propósitos para nossa vida acompanhando toda nossa caminhada, nos ensinando, nos protegendo, nos corrigindo. Não é um amor que alimenta nossas vontades a qualquer custo, mas que é capaz de tudo a fim de nos dar aquilo que Ele mesmo planejou desde a eternidade. Os seus planos de Eternidade são estabelecidos dentro deste amor, onde Sua misericórdia nos alcança, Sua justiça, Seu grande poder sobrenatural, Suas oportunidades são estabelecidas para que possamos, com alegria, tomar a decisão de obedecer.

Fomos feitos para viver e experimentar o amor de Deus!

B) Eterno:

"Antes que os montes nascessem e tu formasses a terra e o mundo, de eternidade a eternidade, tu és Deus". Salmos 90:2.

"Deus fez tudo formoso no seu devido tempo. Também pôs a eternidade no coração do ser humano, sem que este possa descobrir as obras que Deus fez desde o princípio até o fim", Eclesiastes 3:11.

Nós fomos feitos para viver eternamente; então o texto diz que Deus colocou em nosso coração a eternidade. Por esta causa, temos tanta dificuldade em lidar com a morte. Mas na Eternidade de Deus podemos contemplar uma vida onde não há dor, enfermidades, envelhecimento, cansaço, frustrações, decepções, angústias, incertezas, inconstâncias, depressão e morte. Nossa esperança é poder viver essa eternidade com Deus e Cristo, conforme Ele nos prometeu.

C) Misericórdia:

"O Senhor é bom para todos, e as suas misericórdias permeiam todas as suas obras", Salmos 145:9.

"As misericórdias do Senhor são a causa de não sermos consumidos, porque as suas misericórdias não têm fim; renovam-se cada manhã. Grande é a tua fidelidade", Lamentações 3:22,23.

Sobre nós estava a culpa do pecado. Mas a misericórdia consiste em não nos imputar o preço que deveríamos pagar com nossa morte eterna. Jesus pagou por nós, e Deus exerceu Sua misericórdia em Cristo. Por isso, Sua misericórdia não tem fim. Podemos crer e experimentar, a cada dia, elas serem renovadas na nossa vida pelo poder do Altíssimo. Entendemos também, em nossa humanidade, que nesta ação de Deus temos a possibilidade de não sermos consumidos pelo tempo, pelas circunstâncias adversas da vida, e muito menos pelas decepções a que estamos sujeitos no dia a dia. A misericórdia, em essência, é o coração de Deus que se move em nossas misérias humanas. Devemos ser livres da culpa, e gratos por uma nova oportunidade em nossa caminhada. Deus é misericordioso.

D) Justiça:

"Justo é o Senhor em todos os seus caminhos, bondoso em todas as suas obras", Salmos 145:17.

"Aquele que não conheceu pecado, Deus o fez pecado por nós, para que, nele, fôssemos feitos justiça de Deus", 2 Coríntios 5:21.

A justiça de Deus em nada se parece com a justiça humana. Ela é perfeita e reta, sem pesos e medidas desiguais. Ela não conspira, não deseja mal e não se vinga.

A vingança nada tem a ver com Sua justiça. Na mente de Cristo, somos todos iguais; e seu critério é totalmente íntegro. Todos somos julgados igualmente sem distinção ou preferência. Cristo se fez pecado, para que fôssemos justos aos olhos de Deus. A culpa que recaía sobre nós, Jesus tomou para si. Nosso Senhor, totalmente justo, cobrou o preço, mas Outro pagou em nosso lugar. Por isso, Deus é completamente justo; mas em Cristo, Deus é também misericordioso e amoroso.

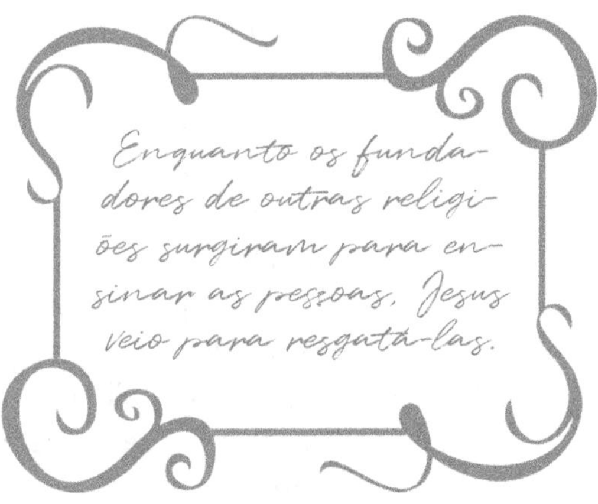

E) Resgatador:

"Cristo nos resgatou da maldição da lei, fazendo-se ele próprio maldição em nosso lugar...", Gálatas 3:13.

"Ele nos libertou do poder das trevas e nos transportou para o Reino do seu Filho amado", Colossenses 1:13.

Apesar dos pecados do homem, nosso Deus estabeleceu no Seu plano de salvação novas oportunidades para aqueles que se arrependem verdadeiramente. Dá a oportunidade do recomeço, com uma nova vida Nele. Uma outra forma de viver, de pensar e de agir. Enquanto os fundadores de outras religiões surgiram para ensinar as pessoas, Jesus veio para resgatá-las. "Jesus é mestre, mas muito mais que isso, é O Resgatador. Porque isso é o que mais precisamos. Não há nada no que somos ou fazemos que pode nos salvar" - Tim Keller.

F) Criador:

"Todas as coisas foram feitas por ele, e, sem ele, nada do que foi feito se fez", João 1:3.

Na criação, Deus executou Seus planos para o homem de forma maravilhosa, espetacular e especial. Depois de haver criado toda a Terra, céus e tudo o que há; fez ainda Sua obra-prima, ou seja, aquilo que considerou o mais importante em tudo o que planejou. Ele desejou uma família com muitos filhos iguais ao Filho Perfeito, Jesus. Sim, Ele fez o homem e a mulher, para que fossem à imagem e semelhança de Cristo e vivessem de modo perfeito e pleno; manifestando na Terra toda Sua glória. Este foi Seu plano, e um dia, Deus fará novos céus e nova Terra, cumprindo o Seu projeto de viver eternamente com o ser humano sem pecado, o qual reflete a imagem e vida de Cristo.

G) Poderoso:

"Eu sou o Alfa e o Ômega", diz o Senhor Deus, *"aquele que é, que era e que há de vir, o Todo-Poderoso."*, Apocalipse 1:8.

"Porque para Deus não há nada impossível", Lucas 1:37.

Seu poder excede todo entendimento natural, é incomparável, insuperável, em Suas mãos está o ontem, o hoje e o amanhã. Não há nada que possa ser maior do que Sua determinação, toda natureza está sujeita a Ele, nada se estabelece a não ser por Ele, com Ele e para Ele. Nenhuma autoridade constituída na Terra é superior a Seu imenso poder. Basta Sua Palavra e tudo se faz.

Como não crer e se render a um Deus como este? Se Deus não for o nosso maior e principal tesouro, nada mais em nossa vida poderá ter repleto valor. Por isso, Jesus disse que uma só coisa é necessária. Sim, é a partir do nosso profundo amor e dependência Dele, que tudo o mais nos é acrescentado.

Jesus disse que quem O ama, ouve as Suas palavras e as pratica (João 14:21). O Salmo 1 mostra qual é o homem que pode ser bem-aventurado, feliz e bem-sucedido em tudo o que realizar:

"Bem-aventurado é aquele que não anda no conselho dos ímpios, não se detém no caminho dos pecadores, nem se assenta na roda dos escarnecedores. Pelo contrário, o seu prazer está na lei do Senhor, e na sua lei medita de dia e de noite.

Ele é como árvore plantada junto a uma corrente de águas, que, no devido tempo, dá o seu fruto, e cuja folhagem não murcha; e tudo o que ele faz será bem-sucedido", Salmos 1:1-3.

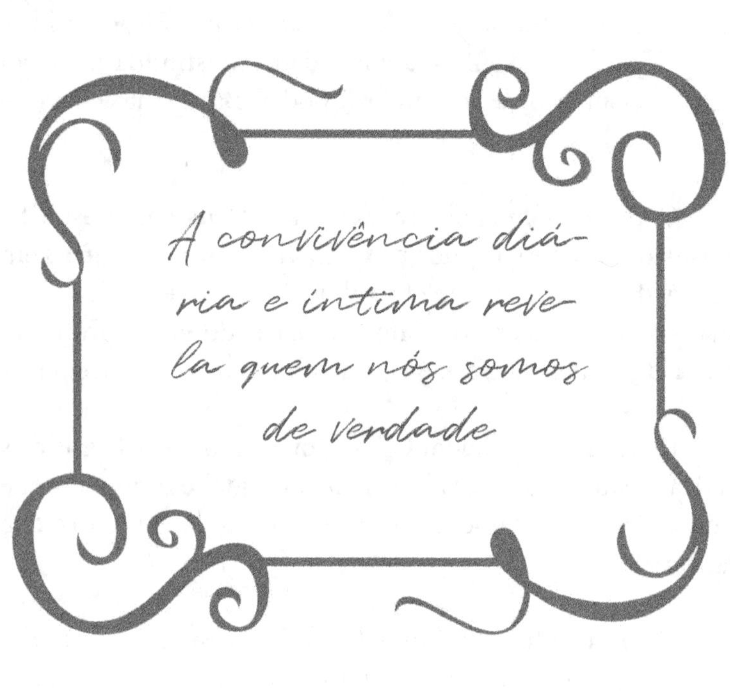

A convivência diá-
ria e íntima reve-
la quem nós somos
de verdade

Família

"Pela fé, Noé, divinamente instruído a respeito de aconte-cimentos que ainda não se viam e sendo temente a Deus, cons-truiu uma arca para a salvação de sua família", Hebreus 11:7

Quando Deus quis recomeçar a Sua história com o homem nesta Terra, Ele começou com uma FAMÍLIA.

A família é o primeiro lugar onde o propósito de Deus vai ser manifesto em nossas vidas. Ele deseja uma família com muitos filhos iguais a Jesus. Nela, nós vamos manifestar nosso testemunho. O homem amando a esposa, a esposa honrando e amando o marido e os filhos; os filhos crescendo na instrução e passando para a próxima geração a herança do caráter de Cristo.

No projeto do nosso Criador, a família é o Seu laboratório, onde aprendemos a amar na sua essência, perdoar, confiar e esperar. É o lugar básico e primário onde os filhos conhecem a Deus. Só Deus pode nos transformar, mas nós devemos cooperar para isso. É no seio da família que os hábitos corretos, a verdadeira instrução e principalmente o exemplo vão cooperar com o propósito de Deus.

Na família, podemos construir uma atmosfera de amor, renúncia, tolerância e fé. Fé é aquilo que se espera e não aquilo que se vê. Podemos influenciar também "mini" hábitos positivos como; meditação, leitura da palavra de Deus, exercício do perdão e da responsabilidade. Na família somos desafiados a viver o Evangelho de forma mais intensa e real. Porque se vamos a uma reunião, podemos fazer uma cara bonita, tratar bem os demais e aquele pouco tempo juntos não irá manifestar nosso caráter. Mas a convivência diária e íntima revela quem nós somos de verdade.

É na reação e relação com o cônjuge, filhos, parentes, que mais vamos realmente conhecer nossas falhas e seremos expostos para sermos trabalhados e transformados por Deus. Podemos até tentar "maquiar" ou fingir para os "de fora", mas aqueles que são de dentro de casa, esses nos conhecerão de verdade.

Se fôssemos solitários e independentes, não vivendo em família, como poderíamos viver e praticar o verdadeiro amor, o verdadeiro perdão, sacrifício e domínio próprio? Como conheceríamos o amor de pai e mãe? Como seríamos confrontados em nosso egoísmo? Quem se isola não consegue lutar contra fortalezas da mente que nos afastam da potente mão de Deus e nos colocam numa condição de autossuficiência, independência e solidão.

Entendendo que a família foi a primeira instituição a ser constituída por Deus. O inimigo, o diabo, luta incessantemente através dos séculos para destruição da mesma. Em Sua soberania, nosso Senhor planejou uma multiplicação salutar através de filhos, netos, bisnetos e agregados para viverem em plena paz e unidade. No seio da família temos a oportunidade de aprender diversas coisas entre elas valorizar a vida, (o ninho), caráter, os cuidados, a proteção, os ensinamentos, os investimentos em todos os sentidos dispendidos a nós; mas acima de tudo, em reconhecer nos nossos pais a importância da paternidade de Deus em nós!

Nela, aprendemos as primeiras coisas sempre como os primeiros passos; falar, andar e sonhar. São os primeiros que acreditam em nossos sonhos conosco e dão forma a eles. Numa família onde não há a presença e temor de Deus, ela estará exposta a ação do mal e seus projetos. Quando isso se constituiu em uma realidade, as consequências são visíveis na expressão de instabilidades emocionais, financeiras, enfim desestruturação de toda casa, ou seja, casa espiritual e casa física. Há a necessidade de um resgate de princípios e valores para que haja esperança!

Como está a sua família? Ela tem sido um lugar de alegria, de amor, de superação, de fé, da presença de Deus? Ou tem sido apenas um lugar de frustrações e desentendimentos? Você tem prazer em estar com sua família? De gastar tempo com ela? De investir nas coisas celestiais junto com sua família?

Vivemos muitas vezes construindo castelos, correndo atrás de tantas coisas que nos levam a nada, sem nos preocupar verdadeiramente com aquilo que é celestial e eterno.

No tempo da modernidade, temos desviado nosso foco do que é importante para aquilo que é urgente, nos conformando com o mundo e incontroláveis descobertas na ciência, tecnologia e materialismos. A velocidade do tempo tem nos confundido na busca de acessórios para a vida como se pudéssemos encontrar nisto soluções fantásticas para nossos anseios.

A cada dia, o homem se sente mais vazio tentando achar explicações e respostas para o inexplicável, se deparando com o profundo abismo do seu ser sem Deus.

A família é o primeiro lugar onde vivenciamos os propósitos de Deus. Não necessitamos buscar nada do lado de fora. Deus nos deu pessoas para amarmos, para cuidarmos e para com elas aprendermos. Que possamos valorizar aquilo que Deus valoriza, começando dentro de casa.

A família não deve ser um peso, mas sim uma bênção! O problema não está nas pessoas da nossa família, mas na forma com que muitas vezes estamos enxergando e lidando. A dificuldade não está nas pessoas, mas em nossa falta de amor, muitas vezes. Que possamos valorizar e ver cada membro do nosso lar como Deus vê.

Talvez não tenhamos tido a infância que gostaríamos, talvez nossas famílias tenham sido um lugar de destruição, mas o nosso passado não precisa definir nosso futuro. Com Deus, podemos ter uma família como Ele sonhou.

"Quem encontra uma esposa encontra algo excelente; recebeu uma bênção do SENHOR", (NVI) Provérbios 18:22

O Senhor, em Sua infinita sabedoria, nos orienta a buscar diligentemente nosso companheiro(a) segundo a Sua indicação, seguindo alguns princípios: Quem teme ao Senhor, obedece a Seus mandamentos, tem uma mesma fé e segue o mesmo propósito; para que não entrem em jugo desigual, em discordância e desalinhamento.

Nas dificuldades do relacionamento a dois, quando estamos em aliança com o Senhor, quando um se afasta, o outro mantém suas mãos conectadas a Ele. No relacionamento a dois, aprendemos profundamente sobre amor e perdão, entrega e abnegação, entre a busca da bênção e o compromisso da entrega. A bíblia ensina que se um cai o outro o levanta, se um sente frio o outro o aquece, melhor é serem dois do que um. Podemos compreender a importância de vivermos tirando o foco de nós mesmos e empreendendo nossos esforços em prol da vida de outros.

Isto é muito interessante, pois vivemos em um mundo de imenso egoísmo onde o ser humano visa a si mesmo primeiramente, vivendo todo tempo em função de si.

Assistimos, assustados, a uma sociedade que elabora meios para que o homem seja autossuficiente, principalmente em suas relações, até mesmo com a aprovação de leis para o enlace com animais, árvores ou coisas esdruxulas, sobre as quais ele tenha condição de domínio e não tenha o desconforto da oposição ou dos questionamentos.

O plano original de Deus na criação foi o homem para a mulher e a mulher para o homem e que ambos se multiplicassem. A idealização divina caminha na direção oposta da degeneração da raça humana. Como vemos os planos do mundo atual? Só um Deus que amou o mundo de tal maneira poderia elaborar tão perfeito projeto. Ele tem o poder de fazer da mulher estéril mãe de muitos filhos.

Em nossas escolhas, muitas vezes equivocadas, tomamos rumos totalmente estranhos e contrários à vontade do Criador. Como consequência provamos frutos amargos, indesejáveis, insuportáveis. Nossa falta de diligência em conhecer e obedecer aos alertas de Deus, movidos por nossos insaciáveis desejos produzem consequências terríveis. A história de Davi nos aponta para um Deus que não olha para a aparência, mas para o coração, este é o critério utilizado por Ele e que precisamos estar em alerta para que seja também o nosso.

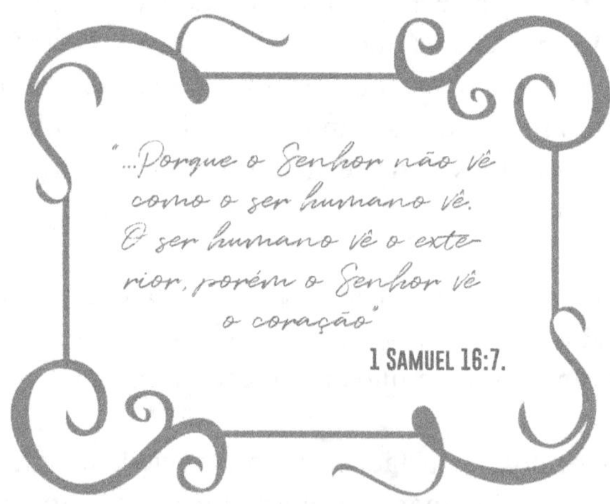

O Pr. Marcos Borges (Coty) diz: "sempre seremos quebrados pelos princípios que nós quebramos". Isso é uma grande verdade que também se aplica aos relacionamentos. Aquele que segue princípios colherá um bom fruto com resultados benéficos não apenas para si, mas para ambos e toda sua parentela e descendência.

No matrimônio, o propósito maior é manifestar Cristo em nosso relacionamento. É glorificar o nome do Senhor, amar incondicionalmente, e sermos fiéis. Quando em nosso enlace matrimonial o nosso alvo gira primeiramente em torno da nossa satisfação pessoal, então colocamos tudo a perder.

Cristo não viveu para Si, mas deu a Sua vida, abriu mão da Sua vontade para santificar e vivificar a Sua Noiva. Que possamos meditar em tudo o que Cristo e a Igreja representam, e manifestarmos o mesmo em nossos casamentos.

Filhos

"Como flechas na mão do guerreiro, assim são os filhos da sua mocidade.

Feliz o homem que enche deles a sua aljava...", Salmos 127:4,5.

Herança de Deus são os filhos, flechas em nossa aljava. Tudo aquilo que construímos nesta Terra projetamos para aqueles que Deus nos presenteou, nossos filhos, a fim de sermos facilitadores e abençoadores de nossa descendência. Nos filhos, projetamos nossos sonhos, anseios e promessas. Eles provavelmente são a extensão do que somos e a continuação de muito daquilo que gostaríamos de ser de uma forma melhorada.

Digo sempre que a parte que mais dói em nós é aquela que atinge nossos filhos, choramos as suas dores e nos alegramos profundamente com suas vitórias, despertando em nós o melhor de nosso ser. Vemos neles a oportunidade de alçar voos a níveis maiores do que alcançamos, experimentando uma forma de amor imensurável.

Primeiro mandamento com promessa é: "Honra teu pai e tua mãe para que se alongue a sua vida"; ou seja, aquele que assim não age tem seus dias encurtados nesta Terra. Vivenciar a honra é compreender que ela não é ampla no nosso entendimento.

O propósito de Deus para a humanidade é gerar filhos não apenas no ventre, mas no coração e no espírito. Ele sempre ansiou por uma geração de filhos e filhas manifestando Sua justiça, glória e amor, igualmente.

Assim, devemos ter o mesmo anseio com nossos filhos. Muitas vezes desperdiçamos este tesouro, esta bênção e promessa, ansiosos em preparar os nossos filhos para mundo. Sim, é verdade que vivemos nesta Terra e temos que prepará-los para uma vida adulta responsável, mas, em primeiro lugar, preparamos nossos filhos para Deus. Se nós não cooperarmos com a vontade de Deus na vida deles, falharemos como pais.

Geramos filhos não apenas naturalmente, mas também espiritualmente. Devemos trabalhar não apenas pela comida e roupa que perecem, mas muito mais para que verdades e realidades eternas sejam estabelecidas em suas vidas. Pais são aqueles que geram naturalmente, mas também espiritualmente.

Filhos criados e ensinados na Palavra do Senhor, ainda que tomem caminhos adversos, no tempo determinado retornam para o Senhor. Ainda que não vejamos com nossos olhos humanos, contemplamos com nossos olhos espirituais!

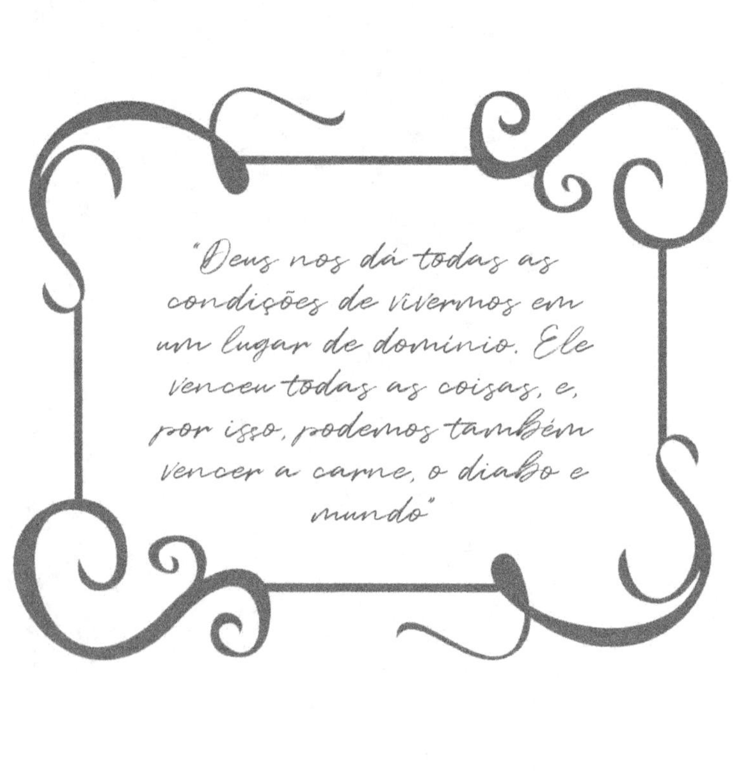

"Deus nos dá todas as condições de vivermos em um lugar de domínio. Ele venceu todas as coisas, e, por isso, podemos também vencer a carne, o diabo e mundo"

Propósito

"Antes da fundação do mundo, Deus nos escolheu, nele, para sermos santos e irrepreensíveis diante dele.

Em amor nos predestinou para ele, para sermos adotados como seus filhos, por meio de Jesus Cristo, segundo o propósito de sua vontade", Efésios 1:4-5.

Há uma voz que não se cala dentro de nós com relação ao que viemos fazer nesta Terra. Mas antes de compreendermos o que devemos FAZER, precisamos descobrir algo ainda mais importante: quem nós SOMOS.

O filho de um rei sabe que um dia será rei. Isso se chama herança e nada poderá mudar tal fato. Antes de exercer o ofício como rei, o príncipe sabe quem ele é: ele é filho do rei. Isso muda tudo. Porque o filho do ferreiro não poderá desejar ser rei. O filho do marceneiro não almejará ser rei, porque ele sabe que para isso, é preciso ser príncipe primeiro.

Mas imaginem que um príncipe nasceu, e na manjedoura fora levado por algum criado do reino para outro lugar distante, sem que ninguém o soubesse. Chegando neste lugar, ele criaria o menino como seu filho. O menino, que nasceu príncipe, não seria capaz de se tornar rei na vida adulta, a menos que tomasse conhecimento de toda verdade a seu respeito.

Desde o início da criação, há uma tentativa do inferno de nos roubar a nossa identidade verdadeira. Quando não sabemos quem somos, qualquer coisa ou qualquer lugar serve.

O texto de Efésios acima deixa claro o supremo propósito de Deus para cada um de nós, aqueles que cremos: antes da fundação do mundo Ele nos escolheu e nos predestinou para sermos santos, irrepreensíveis perante Ele, a fim de que fôssemos Seus filhos.

Precisamos entender quem é nosso Pai! Entender quem somos em Deus! Esta Terra quer nos predestinar a uma vida de miséria e escravidão do pecado e dos raciocínios do mundo. Mas Deus quer que entendamos que tudo está feito! Que somos reis e sacerdotes Dele nesta Terra para manifestar o Seu governo.

"O Senhor os porá por cabeça e não por cauda; e só estarão em cima e não debaixo, se obedecerem aos mandamentos do Senhor, seu Deus, que hoje lhes ordeno, para os guardar e cumprir", Deuteronômio 28:13.

Deus não nos criou para sermos escravos do dinheiro, da amargura, da depressão, da tristeza, e muitos menos para sermos escravos das nossas próprias cobiças e enganos do coração. Ele nos dá todas as condições de vivermos em um lugar de domínio. Ele venceu todas as coisas, e, por isso, podemos também vencer a carne, o diabo e mundo.

Nossa história, traumas, sentimentos humanos camuflam nossa essência. Começamos então a caminhar muito mais naquilo que não somos; levados por influências de todas as formas, de outras pessoas ou em nossos próprios desejos. Nossos sentidos são aguçados através da visão, audição e olfato diversas vezes distorcendo todo contexto. Somos tendenciosos a elaborar em nossos pensamentos impressões que, algumas vezes, nos induzem a decisões incorretas.

Normalmente somos precipitados, imediatistas e impulsionados por estes instintos. Dificilmente nos deparamos com situações e aguardamos um direcionamento naquilo que devemos falar, pensar ou agir; como se em nós tivéssemos todas as respostas e poder para mudar ou solucionar acontecimentos. Não há nada na minha vida ou na sua vida sem um propósito determinado.

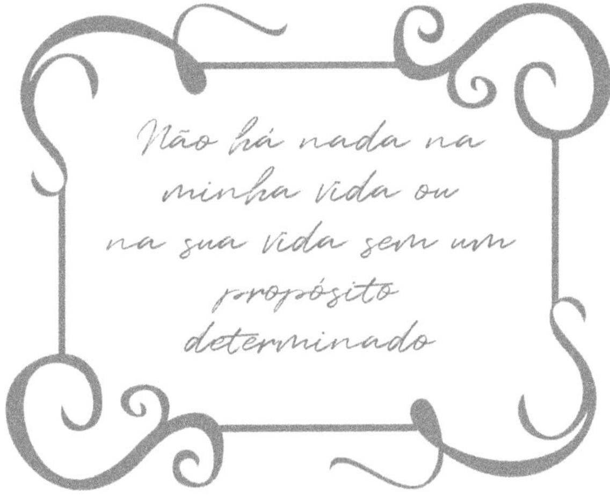

Encontramos em nossa caminhada grandes desafios e dificuldades que nos levam a seguir caminhos aparentemente mais fáceis. Esse lugar indiscutivelmente será um atalho, que servirá apensas para fatigar-nos e nos conduzir a uma terra de desilusão.

Abraão tinha um sobrinho que andava com ele chamado Ló, no deserto ele escolheu ir para um lugar que mais encheu seus olhos. Pouco tempo se passou até que ele se deparasse com outra realidade. A princípio lhe pareceu melhor, mas ao final se tornou um caminho de juízo e morte.

"Ló ergueu os olhos e viu toda a campina do Jordão, que era toda bem-regada, como o jardim do Senhor, como a terra do Egito, até a região de Zoar. Isto foi antes de haver o Senhor destruído Sodoma e Gomorra", Gênesis 13:10.

Muitas vezes, o mesmo se passa conosco; quando estamos encontrando dificuldades procuramos um local de conforto e facilidades que nos dá a impressão de ser agradável. Então resolvemos sair do lugar de dificuldade sem o tempo e preparo necessários, e abandonamos nosso real propósito.

Se fomos longe demais, precisamos retornar para aquilo que Deus tem para nós, superar o nosso orgulho e voltar ao lugar de origem. Porque há nobreza no retroceder!

Foquemos novamente no propósito, atentando para a vontade de Deus e não para a nossa!

"Quem tem muitos amigos pode cair em desgraça; mas há amigo mais chegado que um irmão", Provérbios 18:24.

Quando seguimos os maravilhosos propósitos de Deus, encontramos pessoas especiais que nos impulsionam a níveis desafiadores e crenças maiores. Estes são verdadeiramente os denominados amigos, os quais muitas vezes se achegam a nós mais perto que aqueles que nos são ligados pelos laços sanguíneos.

Estes são quem nos alertam e nos despertam para áreas frágeis do nosso caráter e de nossas ações, com objetivo de nos ajudar a vencer cada obstáculo; são aqueles também que quando somos humilhados, criticados, caluniados se levantam a nosso favor pelo que construímos um vínculo de proximidade, intimidade e confiabilidade.

São aqueles que usam as melhores oportunidades para nos promover como pessoas, como profissionais e como testemunhos, dando credibilidade a nossa fé e compromisso com nosso Deus.

Estão caminhando, mesmo distantes, lado a lado, com a mesma comunhão de propósito, ombreando conosco e nos incentivando a cumprir vontade de Deus.

Liberdade

"O Espírito do Senhor Deus está sobre mim, porque o Senhor me ungiu para pregar boas-novas aos pobres, enviou-me a curar os quebrantados de coração, a proclamar libertação aos cativos e a pôr em liberdade os algemados", Isaías 61:1.

Deus nos deu a condição de sermos livres a fim de nos usar para libertação de outros. Muitos são os aspectos dos quais necessitamos ser libertos em nossa vida. Na Palavra de Deus, aprendemos que um cego não pode guiar outro sinalizando assim a importância de buscarmos ardentemente pela correta visão.

Ao analisarmos a situação de escravidão, somos remetidos a antiguidade quando homens e mulheres se encontravam acorrentados, presos em todos os seus aspectos e subordinados a um senhor que punia e maltratava ferindo seus servos. Eram obrigados a servir e obedecer ao seu senhor por força e violência.

Quando Jesus nos libertou das garras do mal, Ele desfez este panorama nos concedendo a opção de obedecer sem coação, opressão ou castigo, mas por graça e amor.

A decisão de obediência traz ao homem gozo, paz e plenitude no espírito. A Palavra de Deus ainda nos alerta que, uma vez libertos, não devemos voltar à condição de escravos.

E como aqueles que experimentaram tão grande liberdade, devemos, na verdade, desejar ir a fim de libertar outros na autoridade, no poder e no nome do Senhor Jesus. Na nova fase do homem liberto, ele se coloca na disposição de servir por amor e por consciência do que recebeu, em gratidão.

Vemos a história de Noemi e suas noras: uma escolheu partir e seguir a sua vida; e a outra, Rute, escolheu ficar com sua sogra após a morte de seus maridos, cuidando, aprendendo, recebendo seus conselhos e os seguindo. Ela se tornou, por fim, esposa de um grande e poderoso homem chamado "Boaz", sendo incluída na história das ilustres mulheres de Deus. Deus honra a fidelidade de Rute para com sua sogra Noemi, sua escolha atraiu a bênção de Deus sobre sua vida e linhagem.

A libertação deve ser um processo diário e consistente em nossa existência. Todos necessitamos ser libertos de algo por mais que estejamos achando que nossa vida está totalmente alinhada aos propósitos de Deus. A primeira e maior libertação é a de nós mesmos, nosso orgulho, egoísmo, prepotência, altivez, vaidade, vanglória, manipulação, obstinação e achismos. Depois, das coisas que nos cercam e às quais nos apegamos. Assim vamos sendo transformados mais e mais à semelhança do caráter de Cristo.

Valorizemos a liberdade que Cristo alcançou por nós. Não voltemos à escravidão do pecado, mas caminhemos de glória em glória, como a luz da aurora, até ser dia perfeito.

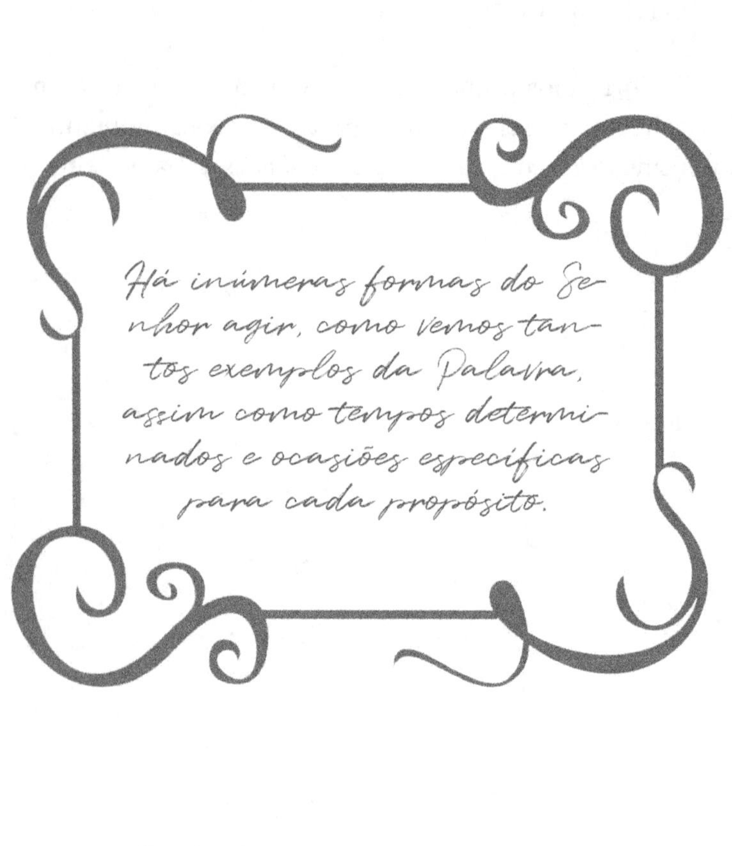
Há inúmeras formas do Senhor agir, como vemos tantos exemplos da Palavra, assim como tempos determinados e ocasiões específicas para cada propósito.

Saúde

"Cura-me, Senhor, e serei curado; salva-me, e serei salvo, porque tu és o meu louvor", Jeremias 17:14.

Em nossa alma está o centro de nossas emoções. É o lugar onde somos muitas vezes norteados de forma associativa com os sentidos do nosso corpo. O impedimento de nossa cura pode ser provocado por dois fatores: a incredulidade ou a soberania de Deus. Barreiras e limitações pelas quais passamos permitem dúvidas e questionamentos ao agir de Deus, como se Ele dependesse de nós para operar Seus prodígios e maravilhas.

No Novo Testamento, Jesus ordenou a Seus discípulos que fizessem o mesmo que Ele fez, e comprovassem a veracidade de Suas Palavras de cura aos enfermos. Podemos confirmar nos versículos abaixo:

"Tendo Jesus convocado os doze, deu-lhes poder e autoridade sobre todos os demônios e para curar doenças. Também os enviou a pregar o Reino de Deus e a curar os enfermos", Lucas 9:1-2.

"Então, saindo, percorriam todas as aldeias, anunciando o evangelho e fazendo curas por toda parte", Lucas 9:6.

Ele ainda afirma que nós faríamos coisas maiores do que Ele fez:

"Em verdade, em verdade lhes digo que aquele que crê em mim fará também as obras que eu faço e outras maiores fará, porque eu vou para junto do Pai", João 14:12.

Marcos 16:1-18 nos ordena: *"E disse-lhes: — Vão por todo o mundo e preguem o evangelho a toda criatura. Quem crer e for batizado será salvo; quem, porém, não crer será condenado. Estes sinais acompanharão aqueles que creem: em meu nome, expulsarão demônios; falarão novas línguas; pegarão em serpentes; e, se beberem alguma coisa mortífera, não lhes fará mal; se impuserem as mãos sobre enfermos, eles ficarão curados"*.

Atendendo aos ensinamentos do Mestre, os sinais nos acompanharão, nós os que cremos. Podemos impor as mãos sobre os doentes e eles ficarão curados. Quando usamos autoridade de Seu nome sem ter intimidade com Ele e Sua Palavra, não há legalidade diante de Deus. A obediência ao direcionamento do Santo Espírito é fundamental para a concretização da cura.

Não devemos nos sentir paralisados ou desencorajados a prosseguir neste direcionamento, permitindo que a frustração ou decepção ocupem lugar em nosso coração, ao não vermos a materialização da cura. Há inúmeras formas do Senhor agir, como vemos tantos exemplos da Palavra, assim como tempos determinados e ocasiões específicas para cada propósito.

"Tudo tem o seu tempo determinado, e há tempo para todo propósito debaixo do céu", Eclesiastes 3:1.

Muitas vezes, como Deus age por meio de processos, Sua última instância é o curar. Ele sabe como proceder para que este último degrau seja alcançado. As doenças psicossomáticas, por exemplo, são enfermidades de fundo emocional, que geram doenças de várias espécies, como: câncer, fibromialgia, doenças autoimunes etc.

Nesses casos, faz-se necessário restaurar primeiro a raiz do problema, para que o mal cesse. Às vezes, a cura das feridas internas (cura da alma) precisa preceder a materialização da cura física. A fé e a restauração do equilíbrio são as chaves para a cura.

O ingrediente fundamental no ministério de Jesus foi Sua imensa compaixão por aqueles que Ele encontrava no Seu caminhar; confirmando assim Suas Palavras com Suas ações. A cura é um componente de grande importância dada a grande comissão daqueles que creem, incluindo cada membro do corpo de Cristo. O Senhor usa quem se dispõe e a quem Ele quer.

É um grande privilégio sermos instrumentos de Deus nas vidas para cura, buscar ardentemente Sua presença e santificação. A cura física pode seguir diferentes rotas, ser instantânea ou gradual, ou até mesmo pode não acontecer visivelmente. Nosso Senhor é soberano e cura quando, como e quem escolhe na Sua total soberania. Nosso papel é crer, fazer orações e entender que o responsável por aquilo que venha acontecer ou não é o Senhor.

"E, depois de dizer isso, clamou em alta voz: — Lázaro, venha para fora!

Aquele que tinha morrido saiu, tendo os pés e as mãos amarrados com ataduras e o rosto envolto num lenço. Então Jesus lhes ordenou: — Desamarrem-no e deixem que ele vá", João 11:43-44.

Lázaro já estava sepultado há quatro dias, mas a Palavra do Mestre o ressuscitou. A condição do milagre não é "sine qua non", ou seja, condição única. Não necessariamente alguém que crê obrigatoriamente será curado; bem como aquele que não crê não poderá alcançar a cura devido a isso. Mas se adicionarmos nossa fé à soberania de Deus, teremos grande chance de mover Seu coração.

É indispensável sermos diligentes e sensíveis à voz do Espírito Santo para que alcancemos as promessas; agindo com amor, humildade e paciência. Muitas vezes, antes de orar pela cura em si, observamos a importância da consciência da liberação do perdão sobre algum tipo de conduta ou ação sofrida desastrosa ou errada e comprometedora.

A cura pode ocorrer automaticamente em razão da obediência aos princípios estabelecidos por Deus de perdoar ou se arrepender de seus próprios pecados. Outro fator importante é a manifestação da gratidão por tudo que Deus é e, consequentemente, faz em nossas vidas.

As palavras de comando específicas e direcionadas a enfermidades ou a locais enfermos também tem sua ação eficaz. Elas carregam consigo o sim de Deus e o nosso amém (assim seja). A persistência é fator também importante para oportunizar a condição de fé do enfermo e o processo de Deus na situação. Perseverança é algo que muito agrada o nosso Senhor, em Sua Palavra está escrito que nunca deveremos lançar mão do arado, mas perseverar, sempre.

Sabedoria (Pérolas)

"O temor do Senhor é o princípio do saber, mas os insensatos desprezam a sabedoria e o ensino", Provérbios 1:7.

Temer é o sentimento de profundo respeito e obediência às leis de Deus. É quando o homem compreende que em meio a tantas coisas, o mais precioso que ele pode possuir em sua vida não são riquezas, poder, fama ou bens materiais; mas a inspiração divina, a fim de encontrar luz em suas decisões, reflexões e caminhos.

Podemos observar na história de Salomão uma grande oportunidade de escolha: entre milhares de opções, ele decidiu pedir sabedoria como seu maior tesouro. Diz a história que, diante disso, ele não apenas se tornou o homem mais sábio da terra, como também lhe foram acrescentadas muitas riquezas materiais.

A sabedoria é a luz de Deus em nossa estrada, é a prudência e a moderação no nosso agir, é a temperança das nossas emoções. Esta sabedoria a que estamos nos referindo não é adquirida por meio do conhecimento natural e sim sobrenatural. O conhecimento humano é fruto de sua inteligência, pode ser obtido por meio de pesquisas, estudos, observações, experiências diversas, investimento no saber.

A verdadeira sabedoria é a espiritual, que nos leva a um nível de entendimento de que sempre temos algo a aprender com situações e pessoas.

Onde encontrar
o verdadeiro
Tesouro?

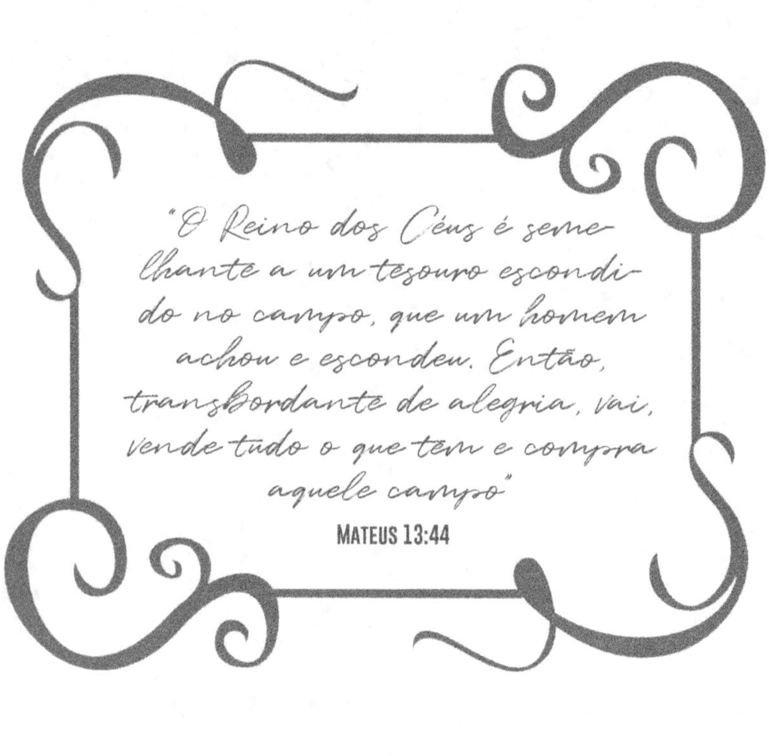

"O Reino dos Céus é seme
lhante a um tesouro escondi
do no campo, que um homem
achou e escondeu. Então,
transbordante de alegria, vai,
vende tudo o que tem e compra
aquele campo"
MATEUS 13:44

O verdadeiro e mais precioso tesouro não é o que vemos, o que achamos que precisamos ou até mesmo aquele que desejamos ardentemente para saciar os nossos anseios naturais; e sim, aquele que testifica em nosso espírito que ali se encontra o nosso bem maior.

O tesouro invisível é aquele que preenche o nosso ser, que nos traz vida abundante, regozijo e plenitude. Na Palavra de Deus encontramos diversas passagens que nos levam a compreender numa dimensão espiritual aquilo que realmente é o tesouro planejado por Deus e necessário ao homem.

Para encontrá-lo se faz necessário ver com os olhos espirituais, com o interior do nosso coração iluminado pelo Pai, onde através da Sua Luz o invisível se tona visível. Nessa dimensão podemos contemplar a Sua presença e o Seu manancial de riquezas e projetos de eternidade para o nosso ser.

"A pessoa boa tira o bem do bom tesouro do coração, e a pessoa má tira o mal do mau tesouro; porque a boca fala do que está cheio o coração", Lucas 6:45.

Por fim, gostaria aqui de abrir um espaço especial para que meu esposo, o Pastor Vanderley, que compartilhará com você seu testemunho, na sua busca pessoal pelo tesouro mais precioso. Espero que a sua história possa edificar sua vida e te animar a buscar aquilo que é de maior valor.

Testemunho

Lembro-me de quando era menino e pobre, muito sofrido, fazia parte do meu imaginário encontrar um dia um tesouro como uma mala cheia de dólares, algo que representasse uma grande quantia e que da noite para o dia mudaria minha realidade e minha perspectiva de futuro. Portanto, o tesouro era algo que poderia realizar os meus sonhos proporcionando uma plena felicidade. Isso me tornou um menino um pouco diferente dos demais, pois no fundo sempre tive esperança de encontrar esse tesouro.

Por fim, isso acabou por nortear a minha vida, pois eu cri que um dia encontraria algo que mudaria não só minha vida, mas a história da minha família.

No palco da minha existência, eu era o personagem principal que tinha a condição de mudar o curso das coisas. Comecei a fazer planos e me tornei um jovem sonhador, a ponto de às vezes misturar fantasia e realidade. Muito cedo frequentei Igreja, e ali entendi que havia força, motivação para perseguir o meu sonho. Eu pensava comigo: "um dia eu vou ser alguém", "um dia conseguirei mudar minha situação". Essa convicção de que eu faria diferença, me tornaria conhecido estava muito enraizada. A vida religiosa me deu ainda mais ânimo nesse sonho.

Ainda que enfraquecido, muito magro e sem alimentação adequada, sempre me destaquei na escola. Em todos os anos, ficava sempre entre os melhores alunos. Passei no vestibular para Odontologia e perseverava no sonho de me tornar alguém com um diploma. Consegui me formar e, mesmo assim, não tive a sensação de que havia encontrado o que almejava por anos em meu coração.

Imaginei que, talvez, o maior tesouro fosse encontrar o amor da minha vida, uma esposa que sempre sonhei. E conheci uma jovem com quem vivi um grande romance digno de filme, e então, nos casamos. Pensei: "agora conseguirei ser feliz e me sentir plenamente realizado". A alegria dessa conquista foi aos poucos passando e imaginei que se eu tivesse uma filha (por ter apenas um irmão, sempre quis ter uma filha) eu talvez pudesse me sentir finalmente completo.

A minha filha nasceu, então foi algo precioso e indescritível. Deus posteriormente me concedeu ainda um filho, outra joia rara. Mas ainda assim, permanecia aquele sentimento de que eu não havia alcançado o ápice do que seria esse tesouro.

Eu havia me tornado um dentista bem-sucedido e tinha uma linda família que eu amava profundamente. Então eu comecei a perseguir bens materiais, trabalhei muito e consegui conquistar todas as coisas que eu desejei. Carros, bens, viagens... Ainda sim sentia um vazio imenso.

Esse vazio se tornou uma frustração e comecei a me envolver com grandes aventuras no motociclismo e enduro. Entreguei-me aos campeonatos e treinos de forma tão intensa que acabei por me afastar da minha família. Minha vida então se resumia ao trabalho e ao esporte. Meus filhos e esposas ficaram de lado.

Tudo o que eu poderia desejar, eu havia conquistado. Mas por que será aquele vazio me atormentava e me impulsionava a buscar adrenalina? A adrenalina não me supriu, pelo contrário, o buraco em minha alma aumentou. Ainda ansiava pelo tesouro que seria a minha felicidade.

Continuei desenfreado na minha busca por satisfação; e acabei afastando e ferindo minha esposa e meus filhos. Envolvi-me com homens que, como eu, estavam perdidos, buscando em prazeres passageiros a satisfação de seus corações vazios. Quase todos esses amigos com os quais passei a conviver tiveram seus casamentos destruídos.

Numa certa noite, um desses amigos daria uma festa de aniversário. Convidei minha esposa, mas confesso que fiquei aliviado quando ela disse que não me acompanharia; afinal, ela já sabia do ambiente que enfrentaria e já estava farta daquele estilo de vida que eu levava. Ela já estava cansada e eu também havia perdido meu afeto por ela. Não estávamos nada bem.

Então, no sábado à noite, do ano de 1988, peguei meu carro zero e saí às 22 horas para a festa. Atravessei um, dois e no terceiro cruzamento, ouvi a frenagem de um veículo que bateu na lateral do meu carro e me senti no interior de um pião. Quando o carro parou, olhei para procurar o carro que havia batido e dele saiu um jovem todo assustado, chorando e gritando. Voltei a mão para o volante e, de repente, ouvi uma voz dizendo: "Vanderley, você não morreu hoje porque eu te amo". Eu ali pensei comigo que voz poderia ser aquela? "Que voz estranha!" Não poderia ser a voz de Deus, afinal, eu era o pior exemplo de marido, de pai; havia me tornado um péssimo ser humano, egoísta. Como seria Deus?

Em poucos segundos a minha vida passou pela minha mente e algo estranho aconteceu: comecei a chorar. Chorei de vergonha! De repente, a consciência do meu erro e do pecado de toda a minha vida me sobreveio de forma intensa e novamente ouvi a voz dizendo: "Vanderley, eu te amo assim mesmo". Eu me desmanchei dentro daquele carro ao experimentar de um Deus verdadeiro que eu não conhecia, mas que se revelara a mim dizendo que me amava.

Eu que sempre fiz tudo da forma errada para encontrar a felicidade, com motivações erradas; encontrei, naquela noite de sábado, um Deus que eu não conhecia, que a religião nunca havia me apresentado. No silêncio daquele momento ouvi uma voz que acalentou meu coração, alcançou a minha alma e me trouxe o que eu buscava quando disse que me amava. Naquela hora, eu só queria encontrar minha esposa e meus filhos para pedir-lhes perdão, pois experimentei um genuíno arrependimento. Como eu estava com vergonha de tudo o que havia feito!

Minha esposa e meus filhos vieram ao local do acidente e ao sair do carro os abracei, pedi perdão e a partir de então, eu nunca mais consegui ser a mesma pessoa. Ali, naquela hora, eu encontrei o meu grande tesouro! Os meus olhos se abriram e passei a dar valor e ver o valor intrínseco das pessoas, algo que eu não fazia. Passei a enxergar o profundo valor da minha esposa, dos meus filhos. Vi também que aquilo que latejava dentro de mim era a voz de Deus que eu não conhecia.

Desde esta noite de sábado de 1988, posso dizer que eu experimentei do Reino dos Céus, como está escrito em Mateus 13:44: *O Reino dos Céus é semelhante a um tesouro escondido no campo, que um homem achou e escondeu. Então, transbordante de alegria, vai, vende tudo o que tem e compra aquele campo.*

O tesouro deste mundo nos encanta, nos dá uma falsa motivação de vida; mas esse é o tesouro que a traça come, a ferrugem corrói e os ladrões roubam. Devemos ajuntar tesouros no reino dos céus, que são tesouros especiais, diferentes destes da terra.

Quando eu encontrei Jesus Cristo na minha vida, finalmente eu achei o maior tesouro que meu coração tanto desejou. De tudo o que eu havia conquistado, havia coisas preciosas que eu não sabia valorizar, mas só pude enxergar o verdadeiro valor do que eu possuía, quando o maior tesouro que há veio habitar dentro de mim!

Minha imensa alegria foi descobrir que o tesouro não é algo que se possa conquistar nesta terra, mas é uma Pessoa que conquistou na cruz, por amor, o direito de nos redimir e nos habitar eternamente.

Pastor Vanderley Santos

Não acumulem tesouros sobre a terra, onde as traças e a ferrugem corroem e onde ladrões escavam e roubam; mas ajuntem tesouros no céu, onde as traças e a ferrugem não corroem, e onde ladrões não escavam, nem roubam. Porque, onde estiver o seu tesouro, aí estará também o seu coração

MATEUS 6:19-21

Que você e eu vivamos uma vida re
almente incrível!

Treasure

1st Edition

UBERLÂNDIA| MG

2020

Teresa Cristina Santos

Original Title: Tesouros
Editing and reviewing: AMQ Editora
English Version: AMQ Editora
Editing coordinator: Nilce Sousa
Cover: Caroline Calaça
Design: AMQ Editora

Teresa Cristina Q. Santos is a dentist surgeon, specialist in orofacial and hospital dentistry. She is a Pastor at the Ministry IBVN in Uberlândia (State of Minas Gerais, Brazil). Cristina has been married to Vanderley da Silva Santos for 40 years, who is also a Pastor and a dentist surgeon. Mother of two: Caroline Calaça, coaching professional and Ranieri Calaça, gastroenterologist.

Author´s contact:

E-mail: teresa.cristina.santos@hotmail.com

Facebook: @teresacristina.cristina.3194

S237t Santos, Teresa Cristina

     Tesouros = Treasures / Teresa Cristina Santos; edição e tradução Andréa Freire Monferrari Queiroz; capa, diagramação e projeto gráfico: Marcus Vinícius Pereira de Alcântara Goes; coordenação: Nilce Sousa. – 1. ed. – Caldas Novas-GO : CEVI, 2020.
     160 p. ; 21 cm

     ISBN: 978-85-5705-055-6

     1. Deus. 2. Reflexões. 3. Vida cristã. 4. Família – Aspectos cristãos. I. Título.

          CDU: 248

Catalogação na publicação por: Onélia Silva Guimarães CRB-14/071

Produced in Brazil by Cevi Produções

ceviproducoes@gmail.com

Instragram: @editoracevi

Have you ever felt at some point in your life that things seemed out of place? Frustration can be an important sign that our priorities are reversed.

God has a purpose for each one of us. We can only understand it though, when we figure out the true treasures He established even before the foundation of the world!

You will be able to find answers and understanding through these pages, reordering what is most valuable in your heart!

"Treasure" is devotional and uplifting.

Have a blessed reading!

Dedication

I dedicate this work, firstly, to those who have turned their attention to these writings. It´s simple intention is to help you find true and eternal treasures in your heart.

I dedicate this book to all those who tirelessly seek principles and values as their greatest treasure in life.

To those who, in the midst of great challenges and conflicting circumstances, remain resolute fixing their eyes on the Pioneer and Perfecter of faith.

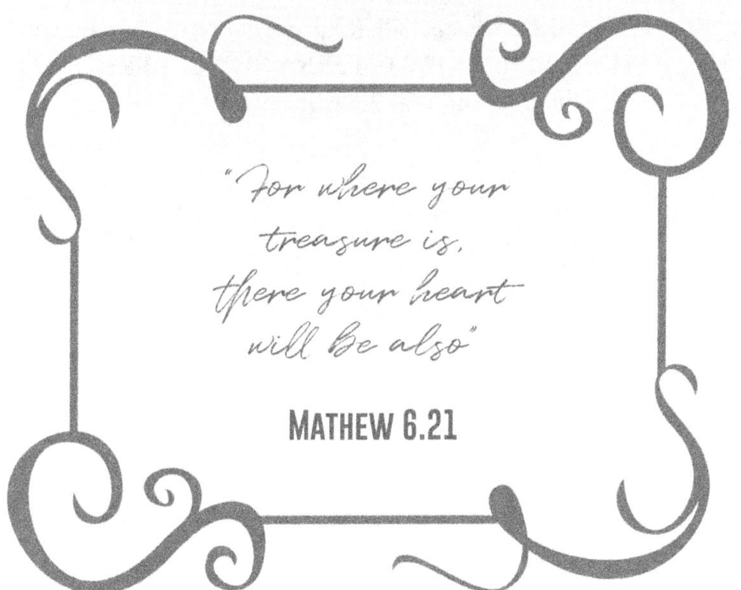

"For where your
treasure is,
there your heart
will be also"

MATHEW 6.21

Contents

Special Thanks 11

Preface 13

Introduction 15

Chapter 1 - First Treasure: God 19

Chapter 2 - Second Treasure: Family 27

Chapter 3 - Third Treasure: Friends 37

Chapter 4 - Fourth Treasure: Identity 41

Chapter 5 - Fifth Treasure: Health 43

Chapter 6 - Sixth Treasure: Freedom 47

Chapter 7 - Seventh Treasure: Wisdom (Pearls) 53

Where can we find true TREASURE? 55

I thank my family that has believed in my potential and has supported my efforts to soar, daring myself to fly like an eagle.

I thank my handsome husband, my love, for years of complicity, love and inspiration in my Christian faith. You're my particular treasure! I love you very much.

I thank my parents for the teachings, the character they shaped in me, the affection and for being the fundamental role model of a solid family.

I thank my children Caroline Calaça and Ranieri Cala-ça, our precious treasures, who always keep me motivated to be a better person.

I thank my spiritual children, brothers and sisters in Christ for the great expression of love, dedication and loyalty, they are like pearls in my life.

Thanks to the masters, counselors, brothers and sisters who participate in such a special way contributing to my growth.

I would still like to thank our Ministry in the person of our President Pr. Costa Júnior for the spiritual care over so many years and the privilege of being part of a single blood and ministerial family "New Life Baptist Church".

I finally thank my dear sister, friend, counselor, partner Nilce Sousa for believing and helping me fulfil this dream God once put in my heart. You're a diamond in my lifetime!

Preface

The book you now have in your hands might be a game changer in your life, if you practice the principles here taught and pay attention to the things that really matter. It's of no use knowing the right way and taking the wrong road or shady shortcuts.

The author, with great wisdom and simplicity, shows us the true treasures and how we should prioritize the most important things. God, in His wisdom, has placed within each of us everything we need for a happy and blessed life. Unfortunately, when one doesn´t value what is really important, will end up feeling frustrated, even having achieved success in life.

There are so many distractions nowadays most people live in a desperate rush, and they don't even realize that happiness can be found in simple things of life. When we prioritize things correctly, everything else will just adjust perfectly fine.

I know pastor Cristina Santos and her desire to help and bless those around her, always ready to serve and find solutions for those who cross her path (even those she never met before), thus demonstrating the true treasure relying inside her, which should also be found inside everyone.

May God bless everyone who reads these pages.

Pr. Costa Junior

Introduction

We live in a high-speed society. The internet, smartphones, the rush of work, the house, the daily routines, the bills and responsibilities make our lives increasingly accelerated. The technology made it possible to address many issues at the same time and communicate with multiple people at the tips of our fingers. Despite all the planning, scheduling and multitasking, for so many of us there never seems to be enough of it.

And we are absorbed by this lifestyle in such a way that too many things have become urgent.

The Holy Spirit's proposal for us today is to take a break. Yes, stop for a while, sit down, take a deep breath and meditate a little. If you want to slow down and take some of your life back in the midst of the rush all around you, you should start asking yourself:

The Word of God says that where your treasure is, there your heart will be.

Honestly ask yourself: What is the most precious thing to me in life?

The answer may seem easy and come up quickly. But you need to consider it carefully. For what you think is precious to you, perhaps in reality, in everyday life, does not receive your proper attention and dedication.

Many parents say their children are their greatest treasure, but they think working to provide things is the most important, and when they can have time with their children to laugh and play, they are too tired.

The VALUE of things and people from God's perspective is very different from the standards of the world in which we are inevitably placed. Whether we like it or not, we are daily affected by our culture, overall behavior and the dominant reasoning of "how life should be".

How can we tell the difference between the things that REALLY MATTERS from what APPARENTLY MATTERS?

Once, in His journeys to proclaim the Gospel, Jesus decided to stay at Martha´s house, in a village called Bethany. A lot of people suddenly hurried to that house to hear the Gospel. Martha was very concerned to meet everyone´s needs, rushing around madly looking after the guests while Mary, her sister, just preferred to sit at the Master´s feet, listening intently to every word He said. Martha was clearly bothered by her sister´s behavior and asked Jesus: "Lord, don´t you care that my sister has left me to do the work by myself? Tell her to help me!"

Jesus' response to Martha was very surprising! "Martha, Martha", the Lord answered, "you are worried and upset about many things, but few things are needed – or indeed only one". (Luke 10.41)

Wow! How unexpected!

It was not my will, when writing these pages, to make a wide explanation and exegesis about the deep and doctrinal aspects of the Word of God but to provoke reflecting. Following the example of Jesus when He said: "indeed only one thing is needed".

May the Holy Spirit guide you through these pages to find your own treasure!

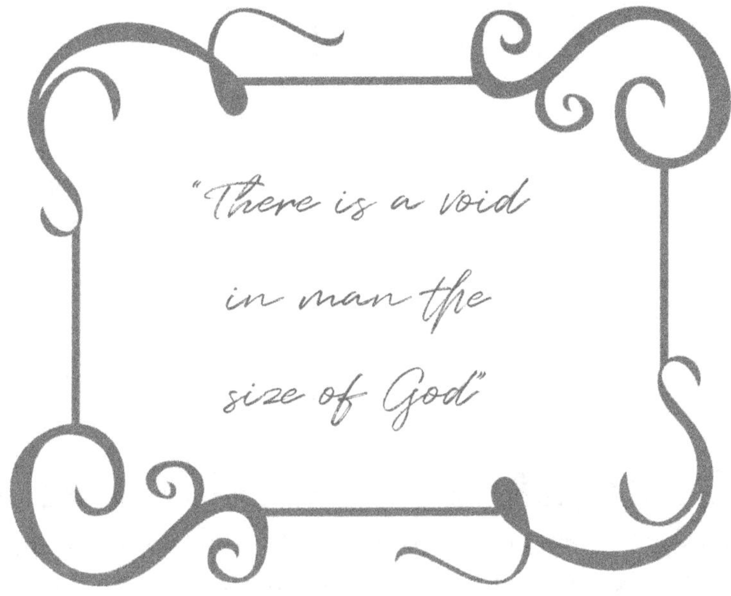

"There is a void
in man the
size of God"

God

A person without God is an empty one, without guidance, like a puzzle missing pieces. And he who has missing pieces lives only for himself and the things of his own interest. Unlike someone who has God in his life. A Godly man understands he is limited, has many weaknesses and, mainly, his complete dependence on the Almighty Father.

He chooses for protection and dependence, because it is for the best. The consciousness of impotence is the source for the acknowledgement of divine sovereignty. Those who truly fear God have a wonderful fragility, for they understand that in their weakness they can find strength in God.

Fyodor Dostoevsky said that "there is a void in man the size of God". From God we came and to God we must return. That's why we can only restore the sense of meaning and life purpose when we trust God. Nothing can truly complete us, only the One who created us and previously planned our destiny.

I would like to meditate with you on each of God's most important attributes. When we do this, we realize that not only God's "blessings" are important, but much more all that He is.

A) Love:

"It always protects, always trusts, always hopes, always perseveres. Love never fails." 1 Corinthians 13.7-8.

"And so we know and rely on the love God has for us. God is love. Whoever lives in love lives in God, and God in them." 1 John 4.16.

The Bible says that God is love and humans crave it from the moment of existence, but love describes an emotion with vastly differing degrees of intensity. Four unique forms of love are found in the Bible. They are communicated through four Greek words: Eros, Storge, Philia, and Agape. When it comes to define the very essence of God, the word for love is "agape". God is love and, in this love, He created the earth and each of us. God's way of loving us is full, unfailing and at the same time responsible, because He created us, formed us according to His image and likeness. He established His plans and purposes for our lives and watches over our journey, teaching us, protecting us, correcting us. It is not a love that gives everything we want at any cost, but He is capable of everything to give us what we really need according to His eternal plans. His eternal plans are established within this love. Where mercy reaches us, His righteousness, His great supernatural power, His opportunities are proven so that we may joyfully decide to obey.

We were made to live and experience God's love.

B) Eternal:

"Before the mountains were born or you brought forth the whole world, from everlasting to everlasting you are God." Psalms 90.2.

"He has made everything beautiful in its time. He has also set eternity in the human heart; yet no one can fathom what God has done from beginning to end" Ecclesiastes 3.11.

We were made to live eternally; God has set eternity in our hearts. That's why we have such a hard time trying to accept death. But in God's Eternity we can contemplate a life without pain, illness, aging, tiredness, frustrations, disappointments, anguish, uncertainties, inconstancy, depression and death. Our hope is based on eternity with God and Christ as He promised us.

C) Mercy:

"The LORD is good to all; he has compassion on all he has made" Psalms 145.9.

"Because of the LORD's great love we are not consumed, for his compassions never fail. They are new every morning; great is your faithfulness" Lamentations 3.22,23.

The guilt for our sins relied upon us. By rights, we should be under his impending wrath, like all mankind. But God´s mercy consists in not charging us the price we should pay with our eternal death. Jesus paid for our debts and God demonstrated His mercy in Christ. That's why His mercy has no end. We can believe and experience His mercies are new every morning. We can rest and rely on His mercy, especially when facing the worst circumstances of life. Coupled with grace (being given God's free gift of forgiveness though we've done nothing to deserve it), mercy is shown because He loves us and only asks that we accept His Son by faith. We need to be freed from guilt; we need a second chance on our mistakes. God is merciful.

D) Righteousness:

"The LORD is righteous in all his ways and faithful in all he does" Psalm 145:17.

"God made him who had no sin to be sin for us, so that in him we might become the righteousness of God" 2 Corinthians 5:21.

God's righteousness is nothing like human justice. It is perfect and has no double standards. His justice is never based on resentment. God is never moved by rage or revenge. Revenge has nothing to do with His justice. We are all equal before God. We are all also judged without distinction or preference. The guilt that relied upon us, Jesus took for himself. His mercy and grace are not in spite of His justice, but because of it. He loved us so much that despite the fact that our sin demands our death, He sent His Son to be our substitute upon the cross, thus demonstrating that His justice was not violated, but instead satisfied. The price demanded by the sin was fully paid. That is why God is totally righteous, but in Christ God is also merciful and loving.

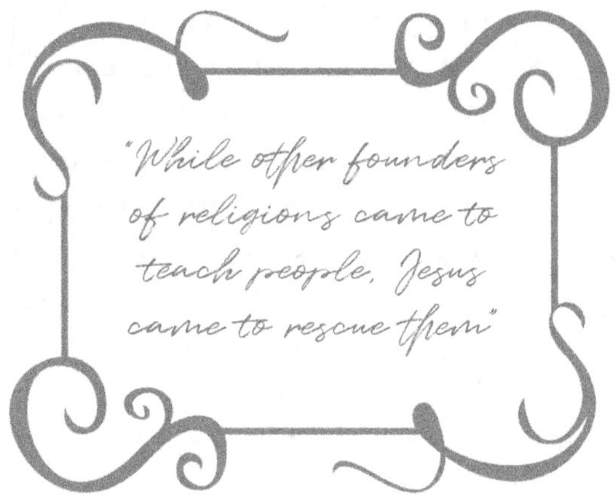

E) Rescuer:

"Christ redeemed us from the curse of the law by becoming a curse for us", Galatians 3.13.

"For he has rescued us from the dominion of darkness and brought us into the kingdom of the Son he loves", Colossians 1.13.

Despite man's sins, our God has provided a way out for salvation for those who truly repent. Christ made it possible the beginning of a new life in Him. A new way of living, thinking and acting. While other founders of religions came to teach people, Jesus came to rescue them. "Jesus is not so much a teacher as He is a rescuer. Because that's what we most need. Nothing in who we are or what we do saves us."- Tim Keller.

F) Creator:

"Through him all things were made; without him nothing was made that has been made", John 1.3.

God executed His plans for man in a wonderful, spectacular and special way. After having created all the earth, heavens and all that is, God should still make His masterpiece, that is, what is the most important of all he has planned. He wished for a family with many children like His Perfect Son, Jesus. Yes, He created man and woman to be the image and likeness of Christ and live perfectly and fully, manifesting on earth all the glory of God. This was the plan and one day God will make new heavens and new earth and fulfill His plan to live eternally with the sinless human being, the human being who reflects the perfect image and life of Christ.

G) Powerful:

"I am the Alpha and the Omega," says the Lord God, "who is, and who was, and who is to come, the Almighty", Revelation 1.8.

"For no word from God will ever fail", Luke 1.37.

His power exceeds all-natural understanding, is incomparable, insurmountable, yesterday, today and tomorrow are in His hands. There is nothing that can be greater than His determination, all nature is subordinated to Him, nothing is established but by Him, with Him and to Him. No authority constituted on Earth is greater than His immense power. One word from God Can change or create everything.

How can we not believe and surrender all to a God like this? If God is not our greatest treasure, nothing else in our lives is in its proper place. That's why Jesus said that one thing is necessary. Yes, it is because of our deep love and dependence on God that everything else is added.

Jesus said that whoever has His commands and keeps them is the one who loves Him (John 14.21). Psalm 1 describes the kind of man that is truly happy, rather fortunate and successful in whatever he accomplishes:

"Blessed is the one who does not walk in step with the wicked or stand in the way that sinners take or sit in the company of mockers, but whose delight is in the law of the LORD, and who meditates on his law day and night. That person is like a tree planted by streams of water, which yields its fruit in season and whose leaf does not wither — whatever they do prospers", Psalms 1:1-3.

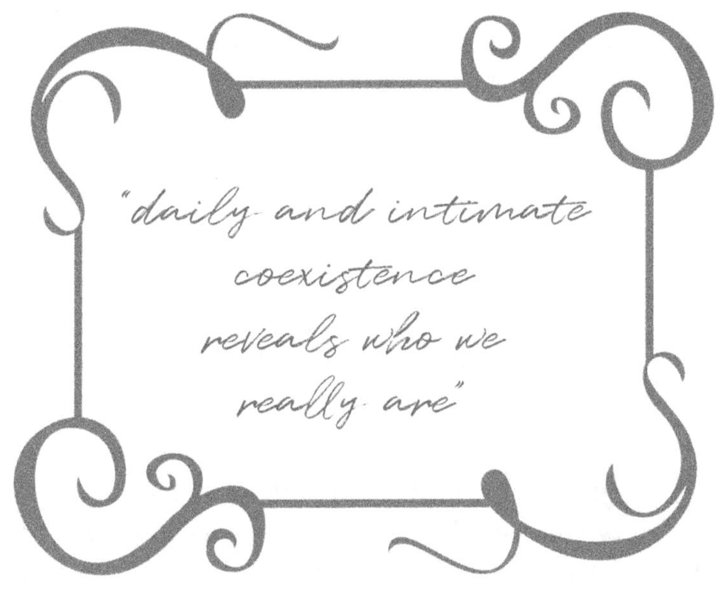

"daily and intimate
coexistence
reveals who we
really are"

Family

"By faith Noah, when warned about things not yet seen, in holy fear built an ark to save his family. By his faith he condemned the world and became heir of the righteousness that is in keeping with faith", Hebrews 11.7

When God decided to start it over with mankind, He began with a FAMILY.

The first place God's purpose will be set in our lives is our family. God desires a family with many children transformed into the image of Jesus. Our family is the first place of

God's testimony. The husband loving his wife, the wife honoring and loving her husband and children, children growing up in grace and wisdom before God. Family is the place to enable the next generation to be transformed into Christ's character.

In our Creator's project the family is His first "lab", where we learn to love, forgive, trust, and wait. It is the basic and primary place where children get to know God. God alone is able transform us, but He decided we must cooperate with Him. It is within the family that the right habits, true instruction and unblemished example will cooperate for God's purpose in each family´s member life.

The family is the best environment to build an atmosphere of love, abdication, tolerance and faith. Faith is what you expect and not what you see. We can also influence "mini" positive habits such as meditation, the reading of the Bible, the exercise of forgiveness and responsibility. It is in the family sphere we are firstly challenged to live the Gospel. When we go to church meetings, we can easily put on a beautiful face, treat others well and that little time together will not disclosure our real character. But daily and intimate coexistence reveals who we really are.

Writer Robert Mckee quotes: *"True character is revealed in the choices a human being makes under pressure - the greater the pressure, the deeper the revelation, the truer the choice to the character's essential nature."*

It is in your reaction and relationship with your spouse, your children, your relatives, that you will most get to know your flaws. And that is the very moment we have the opportunity to be transformed by God. We may even try to "make up" or pretend to be someone for outsiders, but those who are from inside our houses, these are the ones who really know us as we are.

If we were lonely and independent, not living as a family, how could we live and practice true love, true forgiveness, sacrifice, and self-mastery? How would we experience the love of a father and mother? How would we be confronted with our selfishness? Those who are isolated cannot fight against the fortresses of the mind that drive us away from the powerful hand of God by placing us in a condition of self-sufficiency, independence and loneliness.

Understanding the core role played by family in God´s plans, the devil has incessantly been fighting against it through the centuries. In His sovereignty our Lord planned multiplication through children, grandchildren, great-grandchildren and relatives to live in fullness of peace and unity. It is with our families we learn values, character, care, protection, and most of all, God´s fatherhood.

In it we learn the first things like the first steps and words. Our family is the first to believe in our dreams with us and help us fulfil them. Families that are devoid of God become easy preys to the enemy´s action. The consequences are evident in the existence of emotional problems of all sort and also financial instability. There is an urgent need for the rescue of the families

How's your family? Has it been a place of joy, love, overcoming and faith? Is it sensitive to God's presence? Or has it just been a place of frustration and disagreements? Are you happy to be with your family? Spending time with it? Investing in heavenly things with your family?

We often live building castles, running after so many things that lead us to nothing, without truly worrying about what is heavenly and eternal.

In the modern era most of us have been conformed to the pattern of this world amid hysterical discoveries in science, technology and materialism. The speed of time has baffled us in the search for accessories that are far from being enough to satisfy the longings of our hearts.

Every day man feels more empty meanwhile searches for the answers to the incomprehensible deep abyss of his being without God.

The family is the first place we will live God's purposes. We don't need to get anything from the outside. God has given us people to love, to take care of and to learn from them. May we value what God values, starting indoors.

The family should not be a burden, but a blessing. The problem is not in the people of our family, but in the way we often see them. The problem is not the people, but our lack of love towards them. May we value and see every member of our home as God sees.

Maybe you haven't had the childhood of your dreams, maybe your family was a place of destruction, but your past doesn't define your future. With God, you can have a family like He dreamed.

"He who finds a wife finds what is good and receives favor from the LORD", Proverbs 18.22.

The Lord, in His wisdom, guides us to diligently seek our companion according to His principles: Someone who fears the Lord, obeys His commandments, has the same faith and the same purpose in life. We shall not be yoked together with unbelievers. For what do righteousness and wickedness have in common?

A marriage according to God's plans is much stronger. When the hardship comes, the Lord is the cornerstone. As Christians, we know that applying biblical principles to marriage will give us a stronger foundation than those of our unbelieving friends and neighbors. The Christian relationship is about love and forgiveness, surrender and selflessness. If either of them falls down, one can help the other up. Though one may be overpowered, two can defend themselves. A cord of three strands is not quickly broken, it is better to be two than one. We can understand the importance of a selfless life, committing our efforts for the benefit of others.

It is conflicting because we live in a world of immense selfishness motivating self-centered individuals to live on their own.

We are each day more disturbed with a society in favor of abortion and laws that legitimate the bonding of human beings with animals and trees. People desperately trying to find means not to depend or relate to others.

God's original plan in creation was man and woman to marry and be fruitful, increasing in number. Human beings have degenerated their relations, moving fast in the opposite direction of God´s plans. God´s plans are perfect. He settles the childless woman in her home as a happy mother of children.

In our often-misguided choices, we take paths totally contrary to the Creator's will. As consequence we will harvest bitter, undesirable, unbearable fruits. Our lack of diligence in knowing and obeying God's warnings, driven by our limitless desires, result in terrible consequences. David's story makes it clear that the LORD's attention isn´t in the outward appearance but to the heart. This is the Lord´s criteria and it should be ours as well.

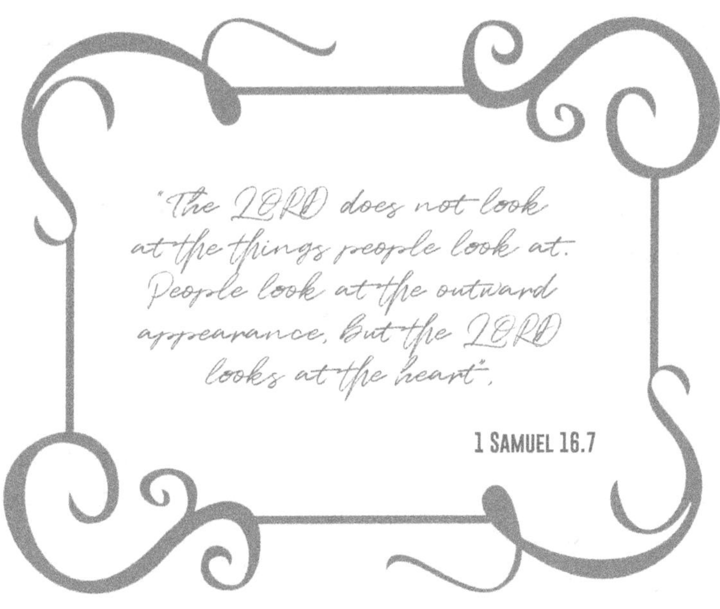

Pr. Marcos Borges (Brazilian Christian leader) says: "we will always be broken by the principles we break." This is a great truth that also applies to relationships. He who follows principles will reap a good fruit with great outcomes not only for himself, but family and next generation to come.

In marriage, the ultimate goal is to express Christ through relationship. It is to glorify the name of the Lord, to love unconditionally, to be faithful. When one take the decision to first seek for personal satisfaction, then everything is at a loss.

Christ did not live for Himself, but gave His life, gave up His will to purify and cleanse His Bride. May we meditate on all that Christ and the Church represent and make efforts to express the same love and devotion in our marriages.

Children

"Like arrows in the hands of a warrior are children born in one's youth.

Blessed is the man whose quiver is full of them..."

Psalms 127.4,5.

God's inheritance are the children, like arrows in our quiver. Almost everything we do after having kids is thinking about their future. In our children we project our dreams, longings and promises. They are probably the extent of who we are and the continuation of much of what we would like to be in an improved way.

I always say that the part that hurts the most in us is the one that affects our children, we mourn their pains and rejoice with their victories. They awake the best of us. With them we experience immeasurable love.

First commandment with a promise is *"honor your father and mother, that it may go well with you and that you may live long in the land"*. On the other hand, those who dishonor their parents may have a short life.

God´s longing for children at His image, not only in number, but real children born again in spirit. He is waiting for this generation to establish His kingdom of love and power over the earth.

This should be the same expectations towards our kids. We often waste this treasure, this blessing and promise, eager to prepare our children for the world. Yes, it is true that we live on this earth and we have to prepare them for a responsible adult life. But first of all, we prepare our children for God. If we do not cooperate with God's will in their lives, we will be failing as parents.

We generate our children not only naturally, but also spiritually. We must work not only for the food and clothing that perish, but much more for eternal truths and realities to be set in their lives. Parents are those who generate, generate naturally, but also generate spiritually.

Children well raised and instructed in the Word of the Lord will always turn their hearts back to the Lord, even if they get lost anytime. Even if we don't see it with our human eyes, we contemplate with our spiritual eyes.

In Christ, God
has given us all
we need to be in
a place of
command

Purpose

"For he chose us in him before the creation of the world to be holy and blameless in his sight. In love he "predestined us for adoption to sonship "through Jesus Christ, in accordance with his pleasure and will"

Ephesians 1.4,5.

There's in every human being an inner unsilenced voice of doubt about our purpose in life. But before we understand what we should DO, we need to find out something that is even more important: who we ARE.

The son of a king knows that one day he will be king. This is called inheritance, and nothing can change such a fact. Before taking the throne, the prince knows who he is: he is the king's son. That changes everything. For the son of a farrier will never wish to be king, because he knows to be king, you must be a prince first.

I would like to tell a short tale as an example. Once, in a very distant kingdom, a prince was born. However, somehow, he was taken and kidnaped by a servant from the kingdom to another distant place, without anyone knowing. This little prince was adopted by a family living in a very small village. The boy was raised as a common farmer's son never getting the chance to know all the truth about his past.

Would this boy ever wish to be a king? Even if he wished it deep down in his heart, he would never have the hope nor the chance to achieve it. Had he known the truth about his IDENTITY, he would have done everything so differently.

Since the beginning of creation there is an evil attempt from hell to steal our true identity from us. When we don't know who we are, anything or anywhere will do.

The text of Ephesians above makes it clear God's supreme purpose to each of us, those who believe: before the foundation of the world He chose us and predestined us to be saints, blameless before Him, to be His children.

We need to understand who our Father is. We need to understand who we are in God. Satan wants us to believe in a life of misery under the slavery of sin and the reasoning of this century. But God wants us to understand that everything is done. That we have been made to be a kingdom and priests to serve our God and reign on the earth (Rev. 5.10).

"The LORD will make you the head, not the tail. If you pay attention to the commands of the LORD your God that I give you this day and carefully follow them, you will always be at the top, never at the bottom", Deuteronomy 28.13.

We were not created by God to end up as money, bitterness, depression or sadness slaves. Hence, it was never His plan we were dominated by greediness and deceptions of our hearts. In Christ, God has given us all we need to be in a place of command. By the power of the blood of Jesus, we are in charge of our lives again, freely deciding to depend on God. Jesus won all things, and so we can also overcome the flesh, the devil and the world.

Our past, trauma, human feelings camouflage our essence. We then begin to care and believe much more in everything we are not, led by influences of all sorts. Our senses are never spiritual, but only natural. And what we see becomes the only thing we believe. We are inclined to elaborate on our thoughts impressions that often lead us to flawed decisions.

We are usually impulsive and driven by these instincts, we hardly ever think it over and over before making deci-

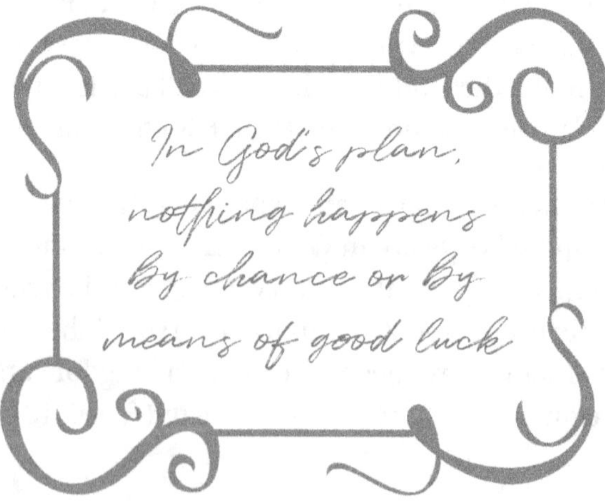

sions. We often think we have all the answers and the power to change or solve any problem. Everything happens for a reason. In God's plan, nothing happens by chance or by means of good luck.

We face great challenges and struggles during our life journey. When these times of hardship come, we many times decide to take the easier path. This shortcut will undoubtably end up in disappointment.

Abraham had a nephew who walked with in the desert. His name was Lot. Once their shepherds went on disagreement and they decided to be apart from each other. Lot chose to go to a place that filled his eyes the most. It didn't take so long before the wonderful place he chose became a place of condemnation. At first, it was a better place, but in the end it became a land of death.

"Lot looked around and saw that the whole plain of the Jordan toward Zoar was well watered, like the garden of the LORD, like the land of Egypt. (This was before the LORD destroyed Sodom and Gomorrah.)", Genesis 13.10.

The same thing happens to us when facing troubled times. We often quickly try to escape to a place of comfort and facilities. We get easily deviated from the deserts we should stand a bit longer to learn the proper lessons.

If we have gone too far, we need to return to what God has for us, overcome our pride and return to the place of origin. Because there's honor in starting it over again if you missed the target!

Focus again on God's purpose, paying attention to God's will and not to yours.

Friends

"One who has unreliable friends soon comes to ruin, but there is a friend who sticks closer than a brother", Proverbs 18.24.

When we follow God's wonderful purposes, we find special people who drive us to challenging levels and greater beliefs. These are truly so-called friends who often become closer than those whom we are bonded by blood.

Our real friends help us finding out the fragile areas of our character and actions; they are also those always by our side whenever we are humiliated or criticized. It is a great blessing to connect to people spiritually, bonding for a purpose, with intimacy and reliability.

They are those who use the best opportunities to help us improve as Christians, supporting us in the development and perseverance of our faith and commitment to our God.

They are walking side by side with the same communion on purpose, shadowing and supporting God's will.

Freedom

"The Spirit of the Sovereign LORD is on me, because the LORD has anointed me to proclaim good news to the poor. He has sent me to bind up the brokenhearted, to proclaim freedom for the captives and release from darkness for the prisoners", Isaiah 61.1.

God has set us free so we can be useful for the deliverance of others. In the Word of God, we learn that one blind man cannot guide another thus signaling the importance of eagerly seeking the proper vision.

Slavery, since ancient times, had been a condition in which one human being was owned by another. A slave was considered by law as property, or chattel, and was deprived of most of the rights ordinarily held by free persons. They were obliged to serve and obey their master by force and violence. When Jesus freed us from the clutches of evil, He undid this panorama by granting us the option to freely obey and serve God by grace and love.

The decision of obedience brings man joy, peace, and fullness in the spirit. The Word of God still warns us that, once delivered, we should not return to the status of slaves.

As we experience such great freedom it is natural consequence the compelling to free others in the authority, power, and name of the Lord Jesus. As a newborn and free man in Christ, his desire is only to serve others driven by love and gratitude.

Let´s think about the story of Noemi and her daughters-in-law: one chose to leave and moved on with her life and the other, Ruth, chose to stay and take care of her mother-in-law as well as submit to her advice and counselling. She eventually became the wife of a great and powerful man named "Boaz", becoming a great woman in the Bible. God honored Ruth's faithfulness to her mother-in-law Noemi, her choice attracted God's blessing upon her life and posterity.

Deliverance must be a daily and consistent process in our existence. We all need to be delivered from something even when we find our lives are fully aligned with God's purposes. The first and greatest deliverance is that from ourselves, our pride, our selfishness, our arrogance, our haughtiness, vanity, vainglory, manipulation, obstinacy and self-concepts. Later, we must be delivered from the distorted affections and possessions we hold on to. Thus, we are being transformed more and more at the image of Christ.

Value the freedom that Christ has conquered for you. Do not return to the bondage of sin but keep being transformed into his image with ever-increasing glory, which comes from the Lord, shining ever brighter till the full light of day.

The Lord has countless
ways to work in our lives
for our benefit, as we see
so many examples in the
Bible, there is a perfect
time for each and every
purpose.

Health

"Heal me, LORD, and I will be healed; save me and I will be saved, for you are the one I praise", Jeremiah 17.14.

The soul is the center of our emotions, directly connected with the senses of our body. The most important thing keeping your from your healing is unbelief. The fortresses of the mind operate with doubts and reasoning. And many times we tend to think miracles and wonders depended on us, not relying in God´s power.

Jesus commanded His disciples to do the same things He did in the energy and power of His Name:

"When Jesus had called the Twelve together, he gave them power and authority to drive out all demons and to cure diseases, and he sent them out to proclaim the kingdom of God and to heal the sick", Luke 9.1,2.

"So they set out and went from village to village, proclaiming the good news and healing people everywhere", Luke 9.6.

We shall do even greater things than those He did:

"Very truly I tell you, whoever believes in me will do the works I have been doing, and they will do even greater things than these, because I am going to the Father", John 14.12.

"He said to them, "Go into all the world and preach the gospel to all creation. 16 Whoever believes and is baptized will be saved, but whoever does not believe will be condemned. 17 And these signs will accompany those who believe: In my name they will drive out demons; they will speak in new tongues; 18 they will pick up snakes with their hands; and when they drink deadly poison, it will not hurt them at all; they will place their hands on sick people, and they will get well", Mark 16.15-18.

The signs will follow those who believe. We can put our hands on the sick and they will be healed. It is not legit when we make use of His name without having intimacy with Him though. Obedience to the guidance of the Holy Spirit is fundamental to heal others in the Name of Jesus.

We should not feel paralyzed or discouraged from pursuing this gift, allowing frustration or disappointment to take place in our hearts when we do not see the healing. The Lord has countless ways to work in our lives for our benefit, as we see so many examples in the Bible, there is a perfect time for each and every purpose.

"There is a time for everything, and a season for every activity under the heavens", Ecclesiastes 3.1.

God works through processes, so we must be aware that not always the healing will come first. He knows how to guide us all the way until we reach the outcome He desires. Psychosomatic diseases, for example, are diseases of emotional background which are the source of other diseases, such as: cancer, fibromyalgia, autoimmune diseases, etc. In these cases, it is essential to get to the root of the problem first, so that evil ceases. Sometimes healing of internal wounds (healing of the soul) need to precede the materialization of physical healing. Faith and the recovering of balance are the keys to physical healing.

The fundamental ingredient in Jesus' ministry was His immense compassion for those He encountered on His way. Thus, validating His Words with His actions. The gift of healing is available to all those who believe, that means each member of the body of Christ, the Lord uses those who are available and whom He wants.

It is a privilege to be instruments of God healing other people lives, eagerly seeking His presence and consecration. Physical healing happens in different ways, whether it is instant or gradual. Our Lord is the ruler and heals whenever, however and whoever He decides. Our role is to believe, to pray, and to understand that the only person responsible for what comes to happen or not is the Lord.

"When he had said this, Jesus called in a loud voice, "Lazarus, come out!"

The dead man came out, his hands and feet wrapped with strips of linen, and a cloth around his face. Jesus said to them, "Take off the grave clothes and let him go", John 11.43,44.

Lazarus had been buried for four days, but the Word of the Master raised him from the dead. The condition of the miracle is not "sine qua non", that is, unique condition. Not necessarily someone who believes must be healed, as well as the one who does not believe cannot achieve healing because of this. If we add faith to God's sovereignty, we might have the chance to move His heart.

It is crucial to be diligent and sensitive to the voice of the Holy Ghost to achieve God´s promises. Acting with love, humbleness and patience. Hence, it is also appropriate to investigate any root of bitterness and lack of forgiveness before praying for healing.

Healing may automatically happen because of the obedience to the principles established by God to forgive or repent. Another important issue linked to healing is the gratitude for all that God is and consequently does in our lives.

Specific and objective words of authority to the disease or the areas injured also have their effective action, they carry with them the "yes" of God and our "amen" (so be it). Persistence is also an important element in addition to faith. Perseverance is something that pleases our Lord very much, in His Word it is written that we should never give up the fight, but to persevere, always.

Wisdom (Pearls)

"The fear of the LORD is the beginning of knowledge, but fools "despise wisdom and instruction", Proverbs 1.7.

The fear of the Lord is the feeling of deep respect and obedience to God's laws. It is when man understands that in the midst of so many things such as wealth, power, fame or material blessings, it is the approval of God the most important of all. Divine inspiration and guidance in order to make the right decisions.

We can observe in Solomon's story a great opportunity: he was given the chance to choose, among thousands of things, the one he wanted most, and he decided to ask for wisdom. History registered that not only he became the wisest man on earth, but also the richest.

Wisdom is God lightening our way, it is prudence and moderation in our actions, it is the temperance of our emotions. This wisdom from above can´t be obtained by natural means but supernatural knowledge. Human knowledge is the result of its intelligence and might be found through research, studies, observations, diverse experiences.

True wisdom is spiritual, and it makes us understand that there is always something more to learn from people and from circumstances.

Where can we
find true
Treasure?

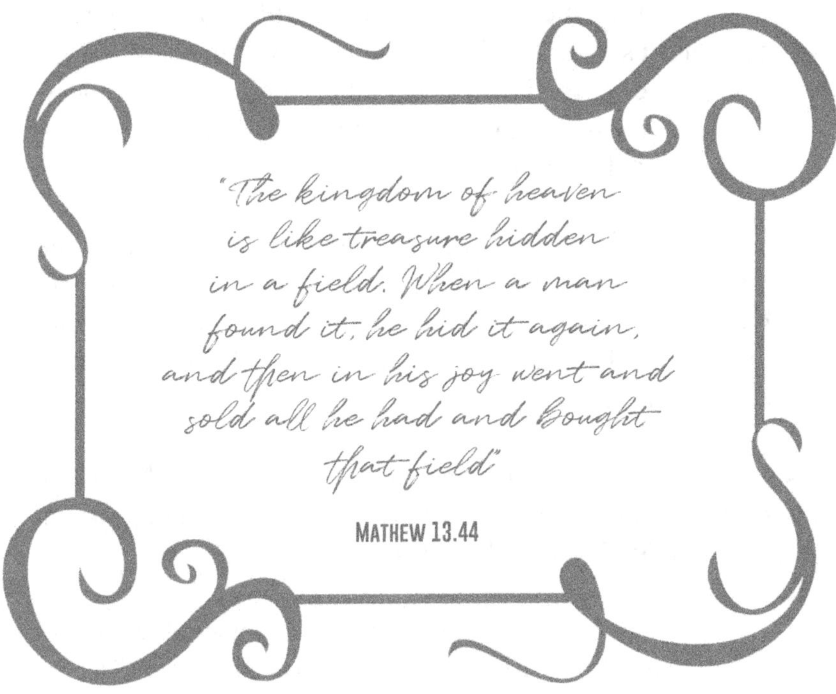
"The kingdom of heaven
is like treasure hidden
in a field. When a man
found it, he hid it again,
and then in his joy went and
sold all he had and bought
that field"

MATHEW 13.44

True and most precious treasure has nothing to do with what we can see, what we think we need or the things we fervently desire to satisfy our natural longings; but the greater good relies in the desire of our spirit.

The invisible treasure is one that fills our being, which brings us abundant life, rejoicing and fullness. There are many verses in the Word of God that can help us to understand in a spiritual dimension what is the real treasure prepared by God all men need.

To find it, it is vital to see with spiritual eyes, with the inside of our heart enlightened by the Father, where through His Light the invisible becomes visible. In this dimension we can contemplate His presence and his wealth and projects of eternity for our beings.

"A good man brings good things out of the good stored up in his heart and an evil man brings evil things out of the evil stored up in his heart", Luke 6.45.

Finally, I would like to register the personal witness of a man that struggled, but in the end, succeeded in finding the most precious treasure. Pastor Vanderley, my dear husband will now share with us his amazing story in the search of his treasure. I hope his example encourages you to seek what is of greatest value.

Personal Witness

I remember when I was a poor boy in Brazil. I went through a lot of struggle. As a child, it was part of my imagination to find, someday, a hidden treasure like a suitcase full of dollars, or anything of a great amount that would suddenly and drastically change my reality and future perspectives. Therefore, the treasure was something that would fulfill my dreams providing limitless happiness. It made me a little different from the other boys, because deep down in my heart I truly hoped to find that treasure.

Finally, this inner hope eventually drove my life decisions, because I believed that one day, I would find something that would change not only my life, but the story of my family.

On the stage of my existence, I was the main character who had the means to change my condition. I started making plans and became a young dreamer, to the point I couldn´t tell fantasy from reality sometimes. I started attending evangelical Church´s services at young age, and there I was even more encouraged to have strength and motivation to pursue my dream. I usually thought to myself: "one day I'm going to be somebody," "one day I'm going to be able to change my situation." It was quite settled in my heart the belief that I would make a difference and would become prosperous one day. Religious life gave me even more encouragement to pursue my dream.

Despite being malnourished, very thin and without proper feeding, I always stood out at school every year, I was always among the best students. Finally, I passed the entrance exams for Dental School at the College and pursued the dream of becoming someone with a degree (in Brazil you can have good quality public and free education if you pass these exams). I managed to graduate and yet, I hadn´t gotten the feeling that I had found what I had been aiming for years in my heart.

I figured maybe the greatest treasure would be finding the love of my life, a wife I've always dreamed of. And I met a young woman with whom I had a "novel kind" romance. It was amazing and finally we got married. I thought "at last, now I'm going to be happy and feel fully accomplished." The joy of this achievement was gradually passing by and I assumed that maybe if I had a daughter, I would finally feel completed (because I only had brothers, I always wanted to have a daughter).

My daughter was born, and she certainly became a stunning gem for my heart. Later on, God granted me a son, one more precious jewel. But still, that feeling of void still remained and I felt I had not reached the real treasure yet.

I had become a successful dentist and had a beautiful family that I loved so deeply. It wasn´t enough for me though. So, I started chasing after expensive things, worked hard and managed to conquer all the things I wished for. Cars, goods, pricy trips... and still I felt unfulfilled.

This emptiness became a frustration and I began to pursue great adventures going off-road motorcycling. I devoted myself so intensely to the trainings and championships that I ended up walking away from my family. My life became nothing but work and sports. My wife and children were left behind.

I had achieved everything I could have wished for. But why that emptiness haunted me driving myself after more adrenaline? The adrenaline, by the way, never satisfied me, it increased that hole inside soul instead. I still hoped for the treasure that would be my happiness.

My search for satisfaction drove me downhill. I ended up hurting my wife and children. I got involved with men who, like me, were lost, seeking for transitory pleasures in the hope to fill their empty hearts. Almost all these friends I had destroyed their marriages at that time.

One night, one of these friends threw a birthday party and I was invited. I also invited my wife, but I confess that I was relieved when she said she would not go with me. She already knew the environment she would face and was already sick of that lifestyle I was carrying on. She was tired and I had lost my affection for her, too. We weren't okay.

It was a Saturday night in 1988, I took my brand-new car and left at 10:00 p.m. for the party. I went through two intersections, and on the third one I heard the noise of the braking of a vehicle that hit the side of my car. My car went spinning out of control. When it stopped, I looked at the other crashed car and inside there was a young man bursting into tears and screaming.

I just stood there, shocked, with my hands on the wheel and suddenly I heard a voice saying: "Vanderley, you didn't die today because I love you." I asked myself whose voice could it be... "What a strange voice!" It couldn't be God's voice, after all, I was the worst model of husband and father. I had become a filthy and selfish human being. "It just couldn't be God´s voice, He would never lose His time with someone like the man I had become", I thought.

In a few seconds my life went through my mind and something strange happened: I started crying. I cried of sorrow and shame. Suddenly, the awareness of my mistakes and my sinful life strongly hit me. Again, I heard the voice saying: "Vanderley, I love you anyway." My heart melted as I experienced, for the first time, the true God I had never met before. He decided to reveal himself right there, in few but powerful words of love.

I, who always did everything the wrong way to find happiness, with mistaken motivations, found that Saturday night a God I did not know, that religion had never introduced me to. In the silence of that moment I heard a voice that warmed my heart, reached my soul and gave me what I was looking for the moment He said He loved me. At that moment, all I wanted was to meet my wife and children to ask them for forgiveness, for I experienced genuine repentance. How ashamed I was of everything I had done!

My wife and children came to the crash site and when I got out of the car, I hugged them, asked them for forgiveness and from that night on, I never managed to be the same person again. There, at that time, I found my great treasure! My eyes opened and I began to value and perceive the intrinsic value of people, something I didn't do before. I came to see the deep value of my wife, my children. I also realized that what throbbed inside me was the voice of God.

Since that Saturday night of 1988, I can say that I have experienced the Kingdom of Heaven, as it is written in Matthew 13.44: *"The kingdom of heaven is like treasure hidden in a field. When a man found it, he hid it again, and then in his joy went and sold all he had and bought that field"*.

The treasures of this world might fascinate us, but this is the treasure where moths and vermin destroy, and where thieves break in and steal. We must gather treasures in the kingdom of heaven, which are special treasures, different from these of the earth.

When I let Jesus Christ come into my life, then I finally found the greatest unknown treasure my heart once so much longed for. I had valuable things in my life I couldn´t properly see, for my heart was void. My eyes were truly opened to the beauty and value of all I had only after the greatest treasure of all came to dwell within me.

My joy was to find out that treasure is not something that can be conquered on this earth, but it is a Person who conquered, on the cross, out of love, the right to redeem us and dwell in us eternally. The greatest treasure is freely given for those who believe.

Pastor Vanderley Santos

"Do not store up for you
rselves treasures on earth,
where moths and vermin
destroy, and where thieves
break in and steal.
But store up for yourselves
treasures in heaven, where
moths and vermin do not
destroy, and where thieves
do not break in and steal.
For where your treasure is,
there your heart will be also"

MATHEW 6.19-21

May you and I have incredibly
amazing lives!